上海金融事务专业培训课程系列

主 编 贺 瑛 李文亮

副主编 邓丽萍

银行柜面操作技能

Yinhang Guimian Caozuo

Jineng

主 编 邓丽萍

参 编 陈爱飞 曹国佩 张晨琰

徐 洁 严卫平

上海教育出版社

编写说明

《银行柜面操作技能》这本教材是以"能力为本"为指导理念,以模块形式为编写体例,在编写过程中力求突出基础知识够用、应用和实践技能的特点,努力做到符合当前中职教育的职业性、实践性和新课程教学改革的需要,又兼顾新颖性、趣味性。全书以银行柜面技能实际操作为指引,将教材内容分为计算机信息输入、珠算与手工传票翻打、点钞和假币识别、硬笔(含账页)书写四个模块,以优化柜面人员服务技能为主线,坚持按照简明、实用、通俗为基本原则组织教材内容,既注重内容的实践操作性,又注重形式的灵活多样。

为了便学利教,本教材设计了以下栏目:

● 任务目标:对"新手们"的学习情境进行设定,明确学习目标和重点难点。

● 知识锦囊:面对课堂任务或活动中遇到的一些问题,大家可能感到无所适从,本栏目是根据学习内容,及时提供一些原则性的基础知识,带你走出问题困境,顺利完成学习任务。

● 高手经验:对柜面操作技能的实际操作进行较为系统的总结,为大家提供具有指导意义的操作经验。

● 小贴士:对于课堂内外的一些相关小知识进行总结,带你拓宽视野,增加对银行柜面相关知识的了解。

● 小组时间:根据银行柜面技能实践操作的要求,安排一些具有实践性的小任务,在老师的指导下根据所学知识进行实战演练。这些活动可在课堂上完成,也可在课余时间完成。

本教材立足银行柜面操作技能的实训要求,体现了能力本位、重视实践、简洁实用、深入浅出的特点,既能满足职业学校财经类专业学生的学习需要,又符合银行相关部门员工培训需要,力求给每一位银行从业人员提供积极有效的帮助。编者在银行柜面操作技能实训方面进行了艰辛的探索,凝结了编

者大量的心血和劳动。本书在编写过程中,反假货币一栏的内容得到了中国人民银行苗培贵老师的指导,参阅和引用了一些专业的文献资料及银行资料,在此一并表示衷心的感谢。由于编写时间仓促,本书尚存在不足之处,敬请批评指正。

编者

2012 年 8 月

模块一
计算机信息输入

模块二
珠算与手工传票翻打

模块三
点钞和假币识别

> ## 模块四
> ## 硬笔（含账页）书写

模块一
计算机信息输入

任务一　认识计算机

活动一 ▌ 解剖计算机

▌任务目标

通过对计算机组装、软件安装等操作,加深对计算机组成结构知识的理解,并在实际操作中培养员工分析问题、解决问题的能力,不断提高信息技术素养。

知识锦囊

计 算 机 硬 件

一台计算机硬件包括主机、显示器、键盘、鼠标、音箱,如图1.1所示。其中显示器和音箱属于输出设备,键盘和鼠标属于输入设备。主机是计算机最重要的组成部分,由机箱及机箱内的CPU、主板、存储器等设备组成。

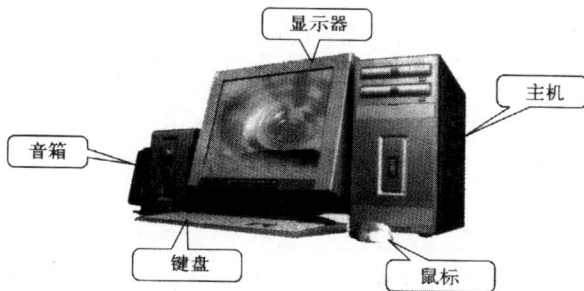

图1.1　计算机的组成

1. 主机

主机最主要的部件是中央处理器(CPU)和存储器。

存储器又分为主存储器和辅助存储器。辅助存储器是指软磁盘存储器、硬盘存储器和光盘存储器等。

2. 输入设备

输入设备是指向计算机输入数据和信息的设备。即把计算机所需要的信息变成计算机能接收的数据，以便计算机系统进行处理。最基本的输入设备是键盘和鼠标。

3. 输出设备

输出设备是把计算机处理好的信息变成人们所需要形式的设备。以便观看、交流、保存以及再处理。最基本的输出设备是显示器，包括显像管显示器（CRT）、液晶显示器、等离子体显示器等。

4. 硬件各部分之间的连接和开机

微型计算机的主机和输入、输出设备之间的连接是通过接口进行的。

必须要做的是显示器和主机的连接，键盘、鼠标和主机的连接。

小贴士

1. 在组装计算机之前，应先熟悉计算机的组成；在组装过程中，应处于断电状态。

2. 要防止人体所带静电对电子器件的损坏。在安装前，先消除人体上的静电。

3. 正确选择工作台和工具。

4. 正确选择计算机各种部件，并进行正确排放。

5. 应熟练掌握组装操作步骤和操作规程，对各个部件要轻拿轻放，不要碰撞，尤其是 CPU 与硬盘，不要进行野蛮装拆。

高手经验

1. 认识主机内的零部件（如图 1.2 所示）

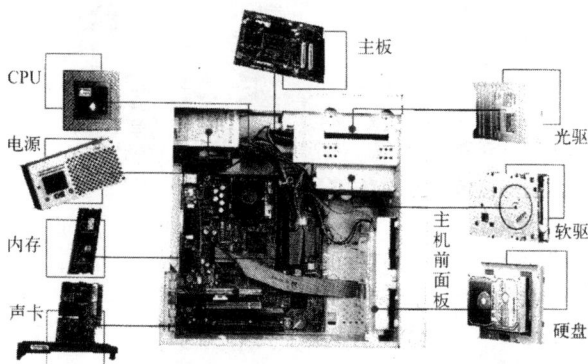

图 1.2　主机内的零部件

CPU(中央处理器, Central Processing Unit), 进行计算并控制计算机各部分工作, 是计算机的"大脑"。

主板(Mother Board), 提供各种接口用来连接计算机各组成部件。

光驱(CD-ROM Disk Drive), 用来读取光盘中的数据。

硬盘(Hard Disk Drive), 用来存储数据和程序, 其内容不会随断电而消失。

声卡, 采集和播放声音。

内存(Memory), 用来存放当前正在使用的或者随时要使用的程序或数据。

显卡, 用来控制显示器的输出信号。

网卡, 用于计算机和网络或其他网络设备联网。

电源, 将 220 V 交流电变压成计算机所需的各种低压直流电。

机箱, 用来固定主机内的各部分设备, 并提供一定的电磁屏蔽功能。

2. 计算机的组装

① 拆卸机箱。将机箱立放在工作台上, 拆下机箱两侧的面板, 取出附件; 将机箱垫脚安装在机箱底部。如图 1.3 所示。

② 安装电源。先将电源插座放入机箱的电源位置, 对正螺钉孔位置, 拧上螺钉, 固定住电源。如图 1.4 所示。

③ 安装 CPU。第一步: 将主板的插座旁杠杆抬起至垂直位置; 将 CPU 对准插槽插入; 将杠杆复位, 锁紧 CPU。如图 1.5 所示。

第二步: 将 CPU 风扇安装到 CPU 上, 卡紧夹头; 将 CPU 风扇的电源线接

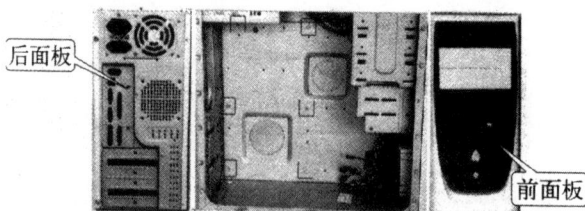

图1.3　机箱

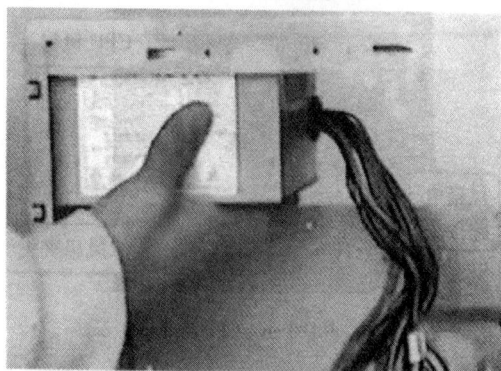

图1.4　安装电源

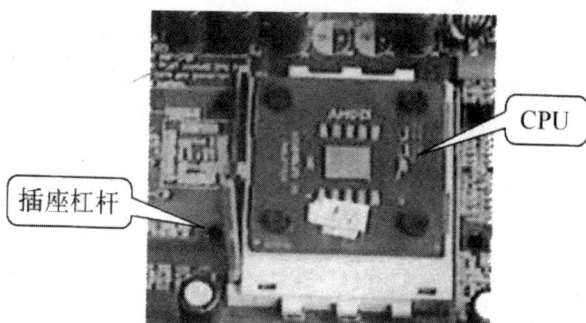

图1.5　安装CPU

到主板上3针的CPU风扇电源接头上。如图1.6所示。

　④　安装主板。将固定主板用的螺钉柱和塑料钉旋入机箱的对应位置;将主板对准I/O接口放入机箱,然后拧紧螺钉,将主板固定好。如图1.7所示。

　⑤　安装内存条。将内存插槽两端的白色固定杆向两边扳动,将其打开;对准插槽插入内存;紧压内存插槽两端的白色固定杆,确保内存条被固定住。

如图1.8所示。

图 1.6　CPU 风扇

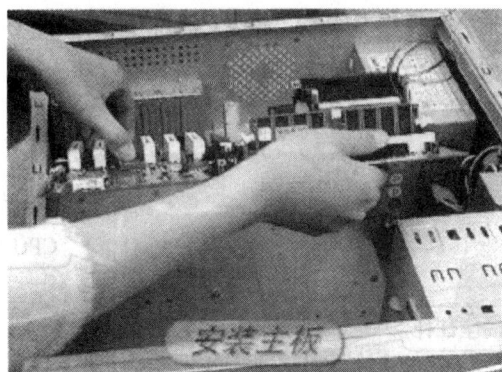

图 1.7　安装主板

图 1.8　安装内存条

⑥ 安装驱动器。驱动器的安装应包括硬盘和光驱的安装。

⑦ 安装显卡。

⑧ 安装声卡。

⑨ 连接机箱内部电源指示灯的连线。

⑩ 整理内部线路。机箱内部线路连接完毕后,应进行适当整理,将多余长度的线缆和没有使用的电源插头折叠、捆绑,使机箱内部整洁、美观,以利散热。

⑪ 装上机箱盖。主机内部设备正确安装后,就可以装上机箱盖以便和外部设备连接。

⑫ 连接外部设备。外部设备的连接主要包括显示器、键盘、鼠标及音箱的连接。

小组时间

通过本活动,了解了组装计算机的基本知识与技能,希望同学们可以从以下几个方面来进行复习与巩固:

1. 从外观上认识计算机的各个部件,如主机、显示器、键盘、鼠标等。

2. 能识别主机内的各种硬件,如硬盘、光驱、CPU、主板、内存等。

3. 能看懂并自己动手连接计算机外部的各种线路。

4. 能正确选择和设置各种部件。

5. 能独立完成整机的安装。

活动二 ▌ 运行计算机

任务目标

硬件组装完成后,计算机仍不能进行工作。为了使计算机能够按照人们的要求开展工作,还必须安装系统软件和各种应用软件。同时,作为一名使用者也有必要掌握一定的计算机操作常识与方法,以及常用软件的使用。

知识锦囊

计 算 机 软 件

只有硬件的计算机称为裸机。裸机是无法进行任何工作的。只有硬件和软件相结合后，才能成为计算机系统，进行各种操作。

软件一般分为系统软件和应用软件两大类。

1. 系统软件

系统软件是指用来对计算机系统实际运行进行控制、管理和服务的软件。它能实现对各种资源的管理，如基本的人机交互，高级语言的解释、编译以及系统维护、调试、查错等工作。

2. 应用软件

能完成某种具体的应用性任务的软件称为应用软件。

应用软件种类非常多，如办公软件中的文字处理软件、电子表格软件、演示文稿制作软件以及信息管理软件、游戏软件、翻译软件、教育软件、多媒体信息处理软件等。

1. 了解计算机的配置。

2. 掌握软件安装顺序。

3. 准备好安装的系统盘和各种驱动程序软件。

4. 安装操作系统。

5. 安装各种设备的驱动程序。

6. 安装各种应用软件。

高手经验

一、Windows XP 操作系统的安装

1. 在安装操作系统前,我们已经完成了主板 CMOS 设置、硬盘分区及格式化硬盘等工作;启动计算机,进入 BIOS,设置引导启动顺序:CD - ROM,A,C;存盘退出,并重新启动计算机,按[Enter]键;在出现许可协议对话框时,接受协议,按[F8]键;选择安装磁盘位置,按[Enter]键继续;完成检查磁盘空间,重新启动计算机;进入 BIOS,重新设置启动顺序:C,CD - ROM,A;保存退出,进入安装向导界面,单击"下一步"按钮。

2. 出现进行区域设置对话框,单击"下一步"按钮。

在自定义软件对话框中,填写用户信息,包括用户姓名、单位,如图 1.9 所示,单击"下一步"按钮。

3. 填写产品密钥。

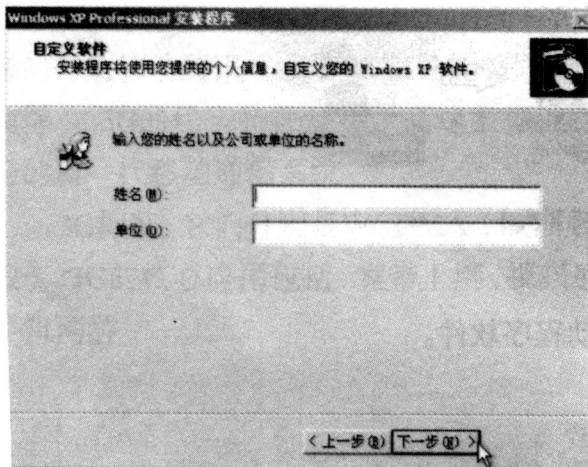

图 1.9 自定义软件

4. 设置计算机名和系统管理员密码。

5. 设置系统时间与日期。

6. 在网络设置对话框中,选择典型设置。单击"下一步"按钮。

7. 设置工作组或计算机域。

8. 安装组件。

9. 单击"完成"按钮,完成 Windows XP 的安装。

二、驱动程序的安装

Windows XP 操作系统已经安装完毕,计算机可以正常使用,但一些设备还不能达到最佳效果,有的设备还不能正常使用,如显示器、音箱等。我们还必须安装相关的驱动程序。

1. 安装显卡驱动程序

① 右击"我的电脑"图标,在弹出的快捷菜单中单击"属性"。在出现的"系统特性"对话框中,选择"硬件"标签,单击"设备管理器"按钮。

② 在出现的"设备管理器"对话框中,单击"显示卡",右击视频控制器项,在弹出的快捷菜单中选择"属性"。

③ 在出现的"视频控制器属性"对话框中,选择"驱动程序"标签,单击"更新驱动程序"按钮。

④ 在"升级设备驱动程序向导"对话框中,单击"下一步"按钮。选择"搜索适于我的设备的驱动程序"项,单击"下一步"按钮。指定搜索位置,单击"下一步"按钮。在出现的对话框中单击"浏览"按钮,选择显卡驱动程序文件,单击"确定"按钮。

⑤ 单击"下一步"按钮,在出现的对话框中,单击"完成"按钮。

⑥ 返回驱动程序安装对话框,单击"关闭"按钮;返回设备属性对话框,单击"关闭"按钮;返回"系统特性"对话框,单击"确定"按钮。

⑦ 设置显示属性

在桌面右击,单击"属性"。在"显示属性"对话框中,选择"设备"标签,选择调节颜色和屏幕区域项的值,单击"确定"按钮。

在出现所示的对话框中,单击"是"按钮。至此安装了显卡驱动程序,并设置了显示属性。

2. 安装打印机驱动程序

虽然已经将打印机数据线和电源线连接好了,但是打印机还不能使用,须在安装打印驱动程序后才能使用打印机。

① 单击"开始"→"设置"→"打印机和传真",如图 1.10 所示。

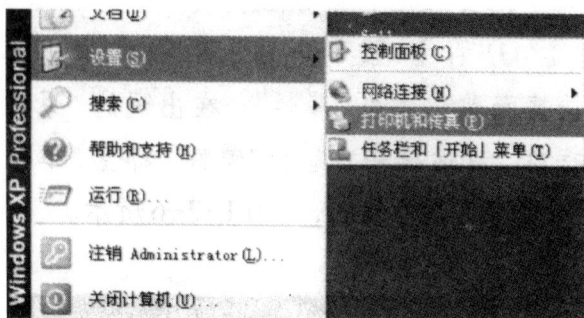

图 1.10　打印机设置

② 在"打印机"对话框中，双击"添加打印机"图标；在"添加打印机向导"对话框中，单击"下一步"按钮；选择"本地打印机"项，单击"下一步"按钮；在出现如图 1.11 所示的对话框中，选择打印机端口，单击"下一步"按钮。

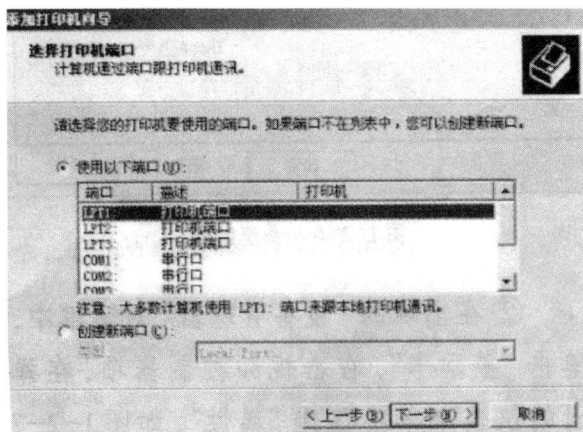

图 1.11　选择打印机端口

③ 在出现"添加打印机向导"对话框中，选择制造厂家及打印机型号，单击"下一步"按钮。

④ 在"命名您的打印机"对话框中，默认打印机名，单击"下一步"按钮；在打印机"共享"对话框中，选择"不共享这台打印机"项，单击"下一步"按钮；在"打印测试页"对话框中，选择"是"项，单击"下一步"按钮；在"正在完成添加打印机向导"对话框中，单击"完成"按钮；在如图 1.12 所示的对话框中，单击"确

定"按钮。

⑤ 关闭"添加打印机向导"对话框,完成了打印机驱动程序的安装。

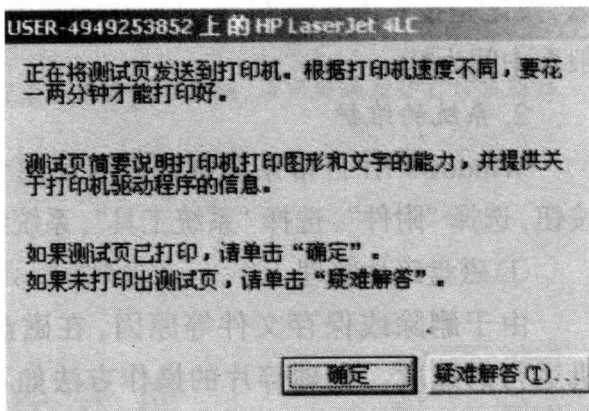

USER-4949253852 上的 HP LaserJet 4LC

正在将测试页发送到打印机。根据打印机速度不同,要花一两分钟才能打印好。

测试页简要说明打印机打印图形和文字的能力,并提供关于打印机驱动程序的信息。

如果测试页已打印,请单击"确定"。
如果未打印出测试页,请单击"疑难解答"。

确定   疑难解答(T)...

图 1.12 测试页确认

小组时间

1. 讨论:各种软件的安装方法。
2. 讨论:操作系统的安装方法。
3. 讨论:驱动程序的安装方法。
4. 要求同学们简要叙述打印机驱动程序安装的步骤。

实训与练习

1. 了解计算机硬件和软件的组成。
2. 要求完成自选一台打印机的安装,并设为默认打印机,打印测试页。
3. 能够独立完成一台整机的安装。

任务二　计算机英文信息的输入

活动一 ▌ 没有规矩　不成方圆——指法练习

任务目标

在学习电脑打字前,首先要把键盘指法练好,这是基础的基础,也是你今后能够不断提速的关键之处!为什么打字时经常会差错很多、回改频繁呢?为什么打字达到一定速度后,费了很大的劲还是很难再提高呢?究其原因,大都是键盘指法不规范造成的。

一个经过严格训练的计算机文字录入员,工作起来可以做到眼到手到,得心应手,高速度、高质量地连续工作。关键是掌握了"键盘指法五要素"。

让我为你揭开"键盘指法五要素"的神秘面纱吧!

键位——你会盲打吗

键感——打字的节奏和感觉

键角——第一节手指与键面的角度

键距——第一节手指与键面的距离

键速——测试的方法与标准

知识锦囊

一、键位——盲打

"指法"在计算机文字录入中占有非常重要的地位。而正确的"指法"更是每一个计算机文字录入员必备的基本功,学会它能为你打好坚实的基础,让你享用一辈子。

电脑打字的盲打也叫触觉打字,就是眼睛不看键盘,只靠指法规律用手摸着打。盲打就是当眼睛看到原稿上的文字后,不去看键盘,手能不假思索地把所看到的字完全依靠指法规律打出来。

二、键感——打字的节奏和感觉

唱歌要有"乐感",打字也要有"键感"。

所谓键感就是在敲击字键时要注意是"击"键,而不是"按"键和"压"键。"击"键就要短促有力,干脆利落。打字的准确、快速和流畅都要靠节奏来调节和提高。

三、键角——第一节手指对键面的角度

凡是经过规范训练的"高手",他们每个手指的第一节手指与键面的角度都在 70 度左右,甚至更大。

这是因为第一节手指与键面的角度比较大,指端部位相对来讲肉垫较薄,击键下去缓冲较小,无形中就缩短了时间,提高了键速。

小贴士

1. 盲打时一定不准看键盘,刚开始肯定会打错,只能靠触觉纠正,坚决不能靠眼睛。

2. 每次"击"键完毕后手指要迅速退回原位(导键)上,不能同时击两个键。"击"键的频率要均匀而有节奏,这是提高输入速度的关键技术之一。

3. 每个手指的第一节手指与键面的角度控制在大于 70 度左右。

4. 把键距控制在 1～2 厘米,这要和"键角"、"手形"结合起来练习。

5. 需要对自己的键位、键感、键角、键距在不同阶段进行适当的调整和掌控,以获取更大的键速。

四、键距——打字速度的关键

键距,即第一节手指与键面的距离,键距的大小直接决定了键速。

通常我们要求同学把键距控制在 1～2 厘米,这要和"键角"、"手形"结合起来练习。初学者一开始会感到有点别扭,而正确的做法带来的却是高速度和高准确率,你会信心倍增!

五、键速——测试的方法与标准

键速的单位通常为"键/分钟",有时也用"键/秒钟",后者更为精确。

高键速是键盘指法五要素的目标和最终结果,我们的一切努力都是为了追求"键速"的最大化。一个优秀的电脑打字员,需要对自己的键位、键感、键角、键距在不同阶段进行适当的调整和掌控,以获取更大的键速。

高手经验

打字的基本要领:

1. 端坐姿势

操作者必须始终保持端坐的正确姿势,打字的坐姿会直接影响打字的速度。

正确的坐姿应该是两脚平放,上身保持平直,直腰挺胸,肌肉放松,两肘自然下垂,轻松地靠在身体两侧。将全身重量置于椅子上,有条件时要调整座椅高度,前臂与键盘尽量成水平线。如图 1.13 所示。

显示器宜在键盘的正后方,原稿一般在键盘的左侧,打字时眼观原稿。

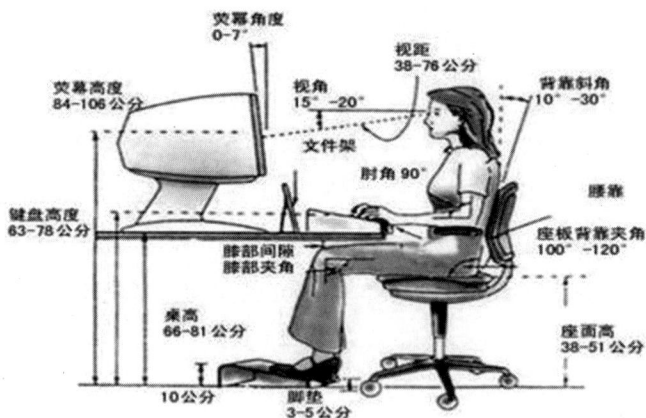

图 1.13 打字的正确姿势

2. 手指姿势

手指轻放于基准键位上,手腕平直。双肘自然放在键盘上。

每个手指的第一节手指与键面的角度控制在 70 度左右,第一节手指与键面的距离即键距的大小控制在1—2厘米。打字时除了控制手指以外,身体的其他部位不能接触电脑台面或键盘。

小组时间

1. 10分钟正确端坐姿势练习。
2. 15分钟基准键击键练习。
3. 15分钟击键与回放动作练习。

活动二 良好的开端是成功的一半——导键练习

任务目标

当我们清楚了键盘指法五要素之后,实际的操作训练就摆在了我们面前。许多同学跃跃欲试,但又苦于不知如何下手。常言道,千里之行,始于足下。因此,要求同学们努力练习导键、基准键。

在开始的练习中千万不要把速度放在第一位,关键是要掌握盲打的要领和准确性。一旦学会盲打,速度就会很容易提高。

知识锦囊

基准键位是上机时的标准手指位置。"A"、"S"、"D"、"F"、"J"、"K"、"L"和";"八个键处于计算机键盘的第二排(中排键),是打字练习的导键、基准键,其重要性可见一斑。每个基准键位对应着一个手指,其他键的位置都是以它们为基准来记忆的。当其他手指放置于基准键位上时,大拇指轻放在空白键位上,如图1.14所示。在手指单击任何字键后,都要回到基准键位上来。

"F"、"J"键是食指定位键,一般这两个键上有一个凸起的圆点或横线,是为操作者击键后不看键盘就能通过触摸这两个键回归基准键位而设。只要双手食指一定位,其余各指自然也就定位了。"F"、"J"键上凸起的圆点或横线为盲打提供了方便。盲打,就是操作者进行输入时,眼睛只看稿纸或屏幕,

不看键盘。

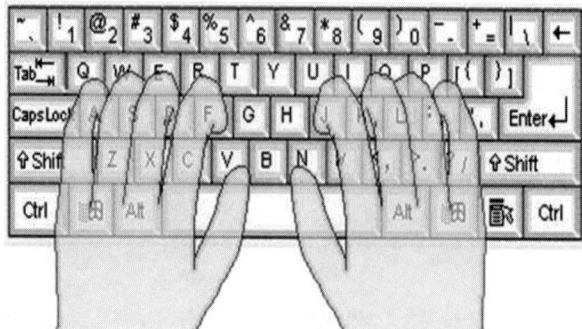

图 1.14　基准键位与手指的对应关系

你一定不准看键盘；

一开始肯定会打错；

一开始慢点不要紧；

一定要靠触觉打字；

一定要靠触觉纠正。

高手经验

1. 键盘指法练习要点

准备打字时，除大拇指外其余的 8 个手指分别放在基准位上。打字时，各个手指负责的键必须分工明确。手指由双手食指触摸 F、J 键上凸起的圆点或横线来定位。要求按正确的姿势和指法进行练习，眼睛只能看屏幕，不能看键盘，坚持做到盲打。

2. 击键技巧

① 手腕平直，手臂保持不动，全部动作仅限于手指。

② 手指保持弯曲，微微近指尖的关节微成弧形，分别轻轻地放在基准键的中央。

③ 要打字时，双手轻轻抬起一点，要击键的手指伸出去击键，击毕立即缩回基准键位，不可停留在已击的字键上。在敲击字键时要注意是"击"键，而不是"按"键和"压"键。"击"键就要短促有力，"击"键完毕后手指要迅速退回原位（导键）上，不能同时击两个键。击键和回放动作，做到正确、熟练地掌握基准键位与各手指所管理范围内各键之间的距离和位置。

④ 打字过程中，尽量用相同的节奏轻轻击打字键中央，不可用力过猛。

良好的开端是成功的一半。导键、基准键（A、S、D、F、J、K、L 和；）的练习，是实现盲打最重要的一步。只要坚持多练习，在不经意间你会有惊喜的发现。盲打是一种可以使你将来"越打越快"、"越打越准"的方法。只要不断坚持，你一定能到达胜利的彼岸。

小组时间

1. 练习导键 20 分钟（边念边打）。

2. 练习盲打 20 分钟。

3. 新建一个名为"文字录入训练题"的文件夹。在文件夹内新建一个文本文档，命名为"英文字母练习.txt"。

（1）在此文档中输入以下英文字母。

asdf	ghjk	llkj	hgfd	aasd	fghj	kllk	jhlk	jhlk
jhgf	dsaa	sdfg	hjkl	gfds	ahjk	lqwe	rtyu	iopp
oiuy	trew	ppaw	sedr	ftfy	juji	kolp	;p;o	liku
jyjt	frfe	dwsq	apol	ikuj	yjtf	rfed	wsqa	pqwe
rtyu	iopt	rwsq	qpol	ikuj	vbnm	mnzx	cvbn	mmnb

（2）将上题的文件夹复制、粘贴到金山打字通程序中进行重复练习，直到录入速度为每分钟 80 字以上。

（3）逐步提高主键盘英文输入速度。重复"金山打字通"程序中"英文打字"练习 10 遍以上，便于尽快熟悉键位，争取做到盲打。

活动三 ▌ "马"到成功——范围键练习

▌ 任务目标

当导键可以打到每分钟 120 键左右时,你就可以进行范围键(EI、GH、RTUY、VBMN)和(WQOP、CXZ?)的练习了。

知识锦囊

范围键(EI、GH、RTUY、VBMN)的练习主要是针对食指和中指的训练。在日常生活中,食指和中指是人们使用最多、最频繁,也是最容易掌控的 4 指,在电脑打字中也同样如此。所以在导键练习之后,把这部分的范围键掌握好,具有十分重要的意义。图 1.15 是手指对照键位图。

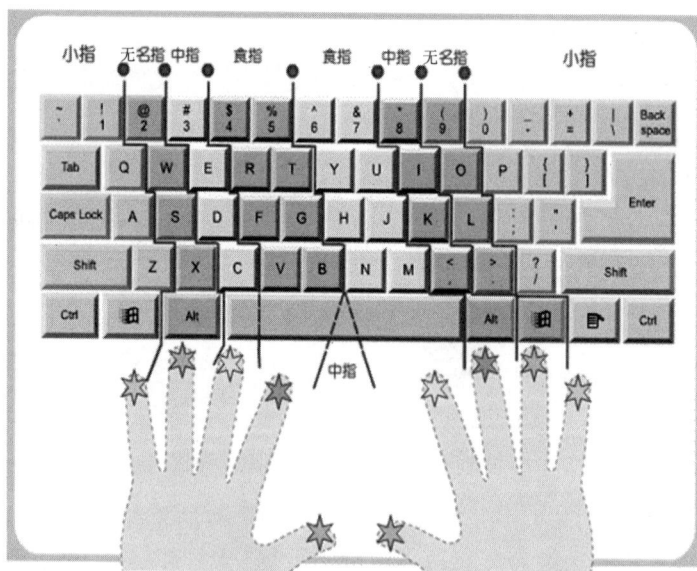

图 1.15 手指对照键位图

范围键(WQOP、CXZ?)的练习主要是针对小指和无名指的训练。在人们对十指的运用中,无名指用得不多,小指的击键显得乏力,容易产生差错,所以需要通过训练而得到锻炼并加以强化。

范围键的练习,都必须用盲打的方法进行,而且坐姿要始终规范,指法的五要素必须时刻牢记。

强调:对于初学者,范围键和导键的练习,其速度必须达到每分钟120键以上方可。

规范的键盘指法不是天生的,是靠严格的训练才能练成的。

高手经验

打字时,除了掌握规定的击键技巧外,还需了解其他字键的指法。在继续保持正确的姿势和指法练习的同时,范围键的练习主要是针对小指和无名指的训练。

1. 空格键的击法

用大拇指外侧横向向下击打一下,击毕立即抬起。

2. 回车键(换行键)的击法

用右手小指击一次后立即退回原基准键位,注意在回归过程中,小指要弯曲,以免将分号(;)带入。

3. 其他字键的指法分区

在确定基准键位的基础上,对于其他字母、数字、符号都采用与基准键位相对应的位置来记忆。键盘的指法分区如图1.16所示,在同一斜线上的字键,都必须由规定的同一手指击键。

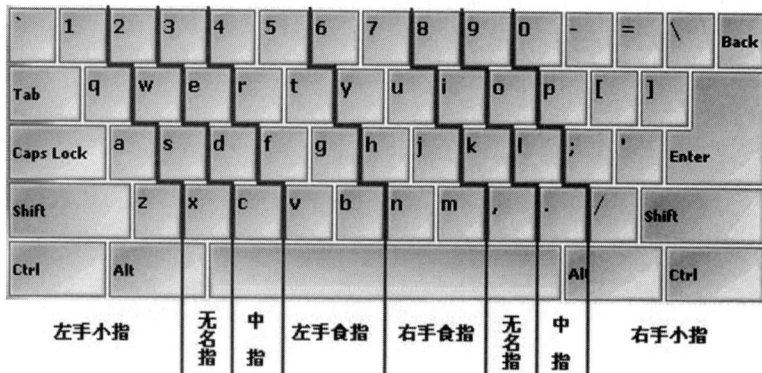

图 1.16 键盘的指法分区

小组时间

1. 对各个字母键的输入进行有针对性的练习 30 分钟。

2. 在熟悉键位、做到盲打的基础上逐步提高主键盘输入速度。着重进行范围键的练习,直到完成全部练习的速度达到 100 字/分钟以上。

活动四　熟悉小键盘　熟练输文章

任务目标

有了一定的指法基础后,在英文打字的过程中练习文章输入就不是件难事了,当然还需要熟悉小键盘即掌握数字键和标点符号的输入方法。

知识锦囊

一、小键盘区的输入指法

小键盘区又称数字键区,在键盘最右边,它包括 17 个键,主要是为了快速输入数字和进行数学运算。其中 Number Lock 键为数字锁定键。如果键盘右上角的 Number Lock 指示灯不亮,单击 Number Lock 键,Number Lock 指示灯变亮，此时可以输入上档的字符，即可以输入数字。再单击 Number Lock 键，则 Number Lock 指示灯灭，下档字符起作用。

  小键盘的基准键是"4"、"5"、"6"，分别由右手的食指、中指和无名指负责。在"5"字键上，一般有一个凸起的圆点，可供击键后回归触摸定位。在确定基准键位的基础上，小键盘其他键的指法为：食指负责左侧的"7"、"4"、"1"；中指负责"/"、"8"、"5"、"2"；无名指负责"＊"、"9"、"6"、"3"和"."；小拇指负责右侧的"—"、"＋"、"←"；大拇指负责"0"。如图 1.17 所示。

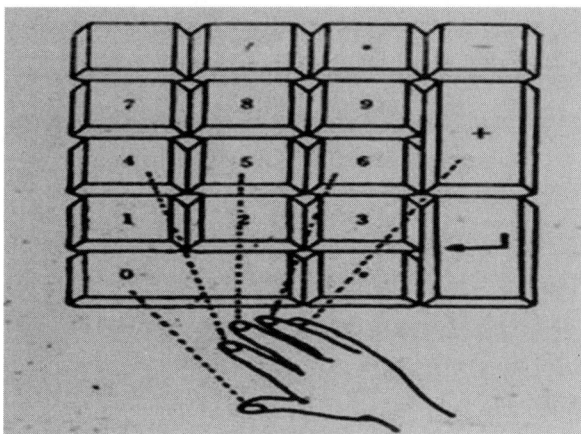

图 1.17　小键盘的指法

  在练习小键盘数字输入过程中，手指击键后也要回归基准键位，其位置是靠中指触摸"5"键上凸起的圆点而确定。练习时同样要坚持眼睛不看键盘，争取做到盲打。

二、标点符号输入方法

  标点符号主要分布在主键盘上。在练习英文标点符号的输入过程中，手指在击键后必须回归基准键位，同样要坚持眼睛不看键盘，做到盲打。如果用到上档键，可用另一只手的小拇指按住 Shift 键，再单击相应的键位输入所需的符号，也可用大写锁定键进行切换后直接单击相应的键位。

  在进行英文打字练习中，请注意"脑手并用"，也就是在控制主键盘的同时还要兼顾小键盘。有时还可利用软件来辅助练习，设定相应的时间和范围等进行针对性训练，使训练更有效。

熟悉数字键和标点符号的输入方法。

当键位练习达到每分钟120键以上时,可适时进行英文文章输入,完全实现盲打。

高手经验

文章一般包含有汉字、英文字母、数字和各种标点符号等字符。在进行录入时,须掌握相应的切换。

(1) 在已安装的各种输入法之间进行切换:[Ctrl]+[Shift]

(2) 中、英文的快速切换:[Ctrl]+[Space](空格)

注意:以上组合键的正确操作方法是先按住第1个键不放,再单击第2个键。

小组时间

1. 新建一个名为"数字键录入训练题"的文件夹。在文件夹内新建一个文本文档,命名为"数字键录入练习.txt"。在此文档中输入以下数字。

85291.20	56731.20	55648.50	26554.00	77497.00	33354.20
62588.50	63985.25	11145.20	66673.58	59847.61	11134.20
55781.00	34432.00	66522.10	88546.30	44551.20	88215.36
99987.63	46528.80	98112556.80	36958.47	5678987.50	6212345.20
1696523.70	25874.90	25617.30	67843.50	8324697.20	7451364.80
96352.12	378948.90	26485.40	65482.90	95128.60	84267.70
23571.21	9460621.54	68427.54	7633249.50	33368.40	5289569.20
66667788.90	4874456.80	77768.50	9988.30	66548.50	6647.90
62479.30	95258.00	95632.80	235641.33	98563.10	68745.60
65234.10	55564.80	333216.40	77663.00	22648.21	22546.21

2. 将上题的文件夹复制并粘贴到金山打字通程序中进行重复练习,直至录入速度为每分钟 180 字以上。

3. 可以利用"金山打字通"程序,"英文打字"中的"文章练习"选择不同的内容进行输入练习,提高英文输入速度。

实训与练习

◇练习指法 20 分钟。

◇练习导键 30 分钟。

◇练习范围键 30 分钟。

◇练习数字键 20 分钟。

◇坚持在盲打的基础上,多练习英文文章的输入。

任务三　计算机汉字信息的输入

活动一　揭开内幕——字根图

任务目标

通过本任务学习和训练,了解计算机汉字录入的各种方法,掌握五笔字型汉字输入法的输入规则及方法,能熟练运用五笔字型输入法在计算机上进行汉字录入。

知识锦囊

一、汉字输入法的种类

从输入手段上区分,汉字输入法可分为键盘输入法和非键盘输入法。

目前,汉字输入采用最广泛的是键盘输入法,它采用将音、形、义与特定的

键相联系,遵照一定编码方案来组字形成编码,用键盘进行编码输入的方法是

(1) 数字编码;(2) 音码;(3) 形码。

二、汉字的层次

在五笔字型中,将汉字划分为三个层次:单字、字根、笔画。如图 1.18 所示。

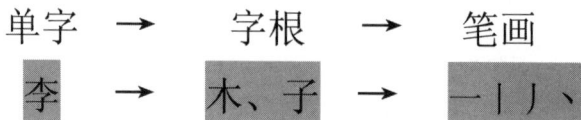

单字	→	字根	→	笔画
李	→	木、子	→	一丨八、

图 1.18　汉字的三个层次

三、字根及分布规律

由 2 个或 2 个以上笔画组成的相对不变的结构通称为偏旁部首。现代汉语词典中选用的偏旁部首有 200 多个,如果全部分为字根,则太难记忆。因此,在五笔字型中先取相对不变的结构作为字根的条件是:① 能组成很多的字,如"王"、"土"、"大"等。② 组成的字特别常用,如"日"、"月"、"水"。五笔字型的字根总数有 130 多个,它按照一定的规律分布在 A～Y25 个键上。将五笔字型的各种字根标在各键上,就是五笔字型键盘字根总图,如图 1.19 所示。

图 1.19　五笔字型键盘字根总图

记住这些字根及其键位是运用五笔字型进行中文输入的基本功。由于字根较多,初学者可用"助记词"来辅助记忆,如图 1.20 所示。

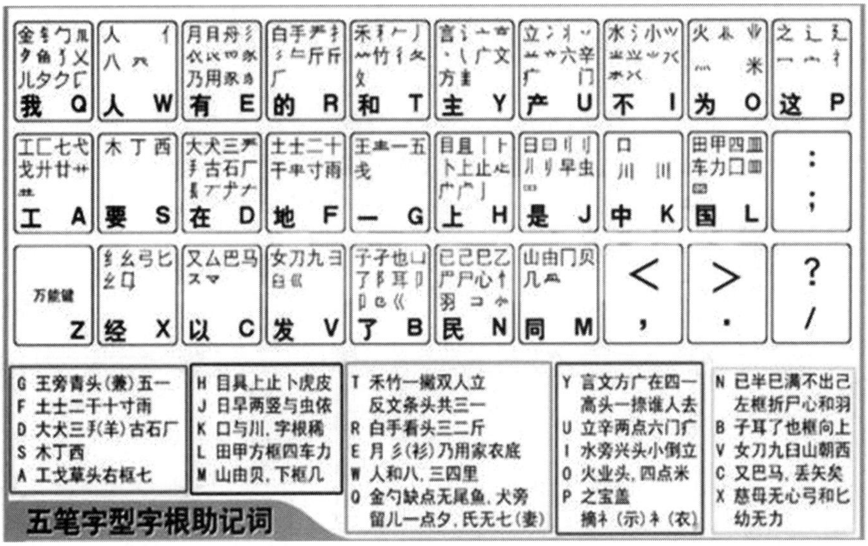

图 1.20　字根助记词

字根在键盘上的分布有以下规律:字根按笔画顺序划分为 5 个区,每一区有 5 个位;中排键里使用左手打字的字母键为第 1 区,是以横起笔的字根;中排键里使用右手打字的字母键为第 2 区,是以竖起笔的字根;上排键里使用左手打字的字母键为第 3 区,是以撇起笔的字根;上排键里使用右手打字的字母键为第 4 区,是以捺起笔的字根;下排键里 N、B、V、C、X 为第 5 区。另外,M 键划为第 2 区。每个区都有 5 个键,并由中间向键盘两端分别给予 1～5 个位号。这样,每一个键可用区位号(区号+位号)来表示,即以"11"、"12"、"13"、…、"55"共 25 个区位号表示。五笔字型字根键盘的键位代码(即字根编码),既可用区位号(11、12、13、…、55)表示,也可以用对应的英文字母(G、F、D、…、X)表示,如图 1.21 所示。

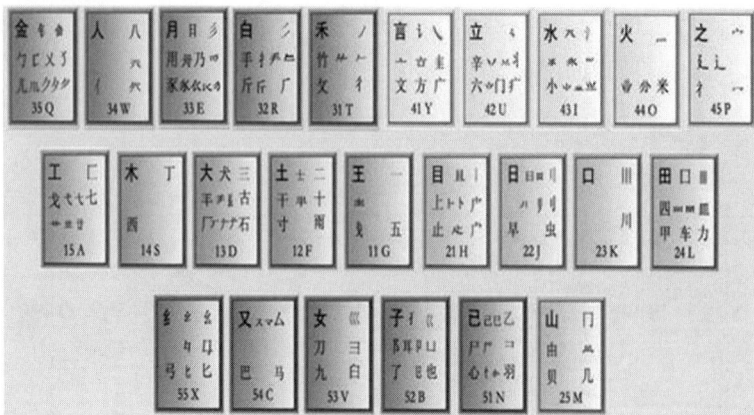

图 1.21　五笔字型键位图

　　字根的第 1 个笔画的代码,与其所在的区号一致;大多数字根的第 2 个笔画的代码,与其所在的位号一致。

小组时间

1. 背诵字根助记词。
2. 看熟字根表。
3. 看字根表练习字根 30 分钟。
4. 不看字根表练习字根 30 分钟。

活动二　大开眼界——编码表

任务目标

　　了解五笔字型字根图后,要想掌握汉字的输入法则,必须揭开编码表的面纱！如图 1.22 所示。

标准五笔字型编码流程图

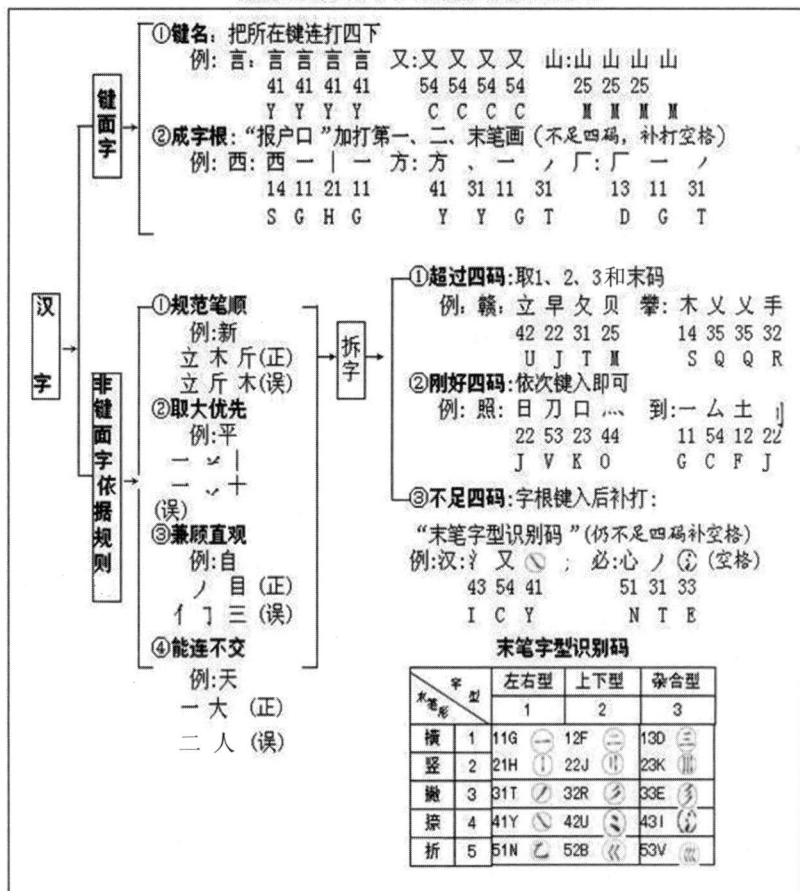

图 1.22　编码流程图

知识锦囊

键　面　字

一、键名字的输入方法

五笔字型输入法从每个键的字根中选出一个代表此键身份的字根（即键位

图上各个键位左上角的第 1 个字根),称为"键名"。

键名字的输入法:把所在的键连续击打 4 下。例如:土——FFFF;木——SSSS;金——QQQQ;目——HHHH;日——JJJJ;已——NNNN。

二、成字根的输入方法

成字根是基本字根中本身就能单独构成一个汉字的字根。这类字在 130 个基本字根中占的比例很大,有近百个。例如:"由"、"雨"、"斤"、"车"等。

成字根的输入法:先"报户口",再加打第一、二和末单笔画。例如:西——SGHG;方——YYGN;雨——FGHY。

三、一级简码字的输入方法

在五笔字型输入法中,为了减少击键次数,提高输入速度,将一些常用的字只取其全码最前边的 2 个或 3 个字根(码),再加打空格键输入,分别成为二级简码和三级简码。此外,为了提高打字速度,在五笔字型中,还特别规定了一级简码。

一级简码所对应的汉字就是一级简码字。

一级简码字的输入法:将字根键单击一下,再单击空格键所出现的字称为一级简码字。每个字根键对应一个一级简码字,共 25 个。如图 1.23 所示的小方框里的汉字。

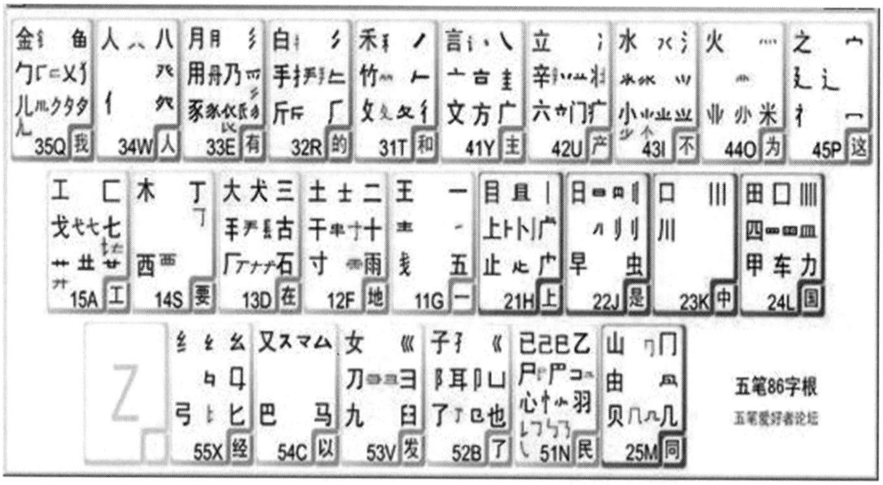

图 1.23　一级简码字

25 个键名字、25 个一级简码字不同的输入法则：

把所在的键连按 4 下，即为键名。（王、土、大、木、工、目、日、口、田、山、禾、白、月、人、金、言、立、水、火、之、已、子、女、又、纟）

把所在的键击打 1 下，即为一级简码。（一、地、在、要、工、上、是、中、国、同、和、的、有、人、我、主、产、不、为、这、民、了、发、以、经）

高手经验

进入 Office-Word 软件，将中文输入法切换至五笔输入法，就可用五笔字型进行中文输入。

（1）键名字的输入法：把所在的键连续击打 4 下所出现的字。

（2）一级简码字的输入法：将字根键单击一下，再单击空格键所出现的字。

（3）成字根的输入法：先"报户口"，再加打第一、二和末单笔画。

小组时间

1. 新建一个名为"五笔字型练习题"的文件夹。在文件夹内新建一个文本文档，命名为"键名字练习.txt"。在此文档中输入以下的键名字（空格不用输入）。

王土大木工　目日口田山　禾白月人金　言立水火之　已子女又（绞丝旁）

王土大木工　目日口田山　木大王目日　口田山日口　田山目田口

木大王目日　口田山日口　大口日田木　王木王口工　大口日田山

禾白月人金　禾月人月禾　白金月白人　禾月金禾白　人工人金月

言立水火之　言立水火之　之水言之火　火立水言立　水之火之立

田月水日土　土白口人山　立火禾言之　金之月水大　口水之火言

已子女又（绞丝旁）已子女又（绞丝旁）女子已山人 又月女子 已山工子又

又大月土王　目水日口田　山已火之金　白木禾立女　人（绞丝旁）言工子

王土大木工　目日口田山　禾白月人金　言立水火之　已子女又（绞丝旁）

工子又大月　土王目水日　口田山已火　之金白木禾　立女人（绞丝旁）言

2. 新建一个名为"五笔字型练习题"的文件夹。在文件夹内新建一个文本文档,命名为"一级简码字练习.txt"。在此文档中输入以下的一级简码字(空格不用输入)。

一一地地	在在要要	工工上上	是是中中	国国同同	和和的的
有有人人	我我主主	产产不不	为为这这	民民了了	发发以以
地地工工	在在要要	一一地地	在在工工	一一在在	工工在在
地地工工	是是中中	上上国国	是是中中	国国同同	是是中中
同同上上	中中同同	工工中中	一一中中	国国要要	上上是是
在在同同	地地上上	同同一一	中中国国	是是要要	上上国国
在在要要	中中同同	工工同同	一一地地	我我人人	有有的的
和和我我	人人有有	的的和和	我我有有	的的和和	我我工工
人人要要	有有在在	的的地地	和和地地	有有一一	和和一一
主主产产	不不为为	这这主主	产产不不	为为这这	这这不不
主主为为	主主是是	产产是是	不不中中	为为国国	这这国国
这这同同	主主中中	中中在在	不不有有	为为和和	这这我我
立产有有	为为和和	这这不不	和和中中	的的工工	不不中中
人人为为	我我这这	不不主主	这这中中	民民了了	发发以以
经经民民	了了发发	以以经经	民民了了	发发以以	

活动三 ▌ 一目了然——拆汉字

▌任务目标

认识编码流程图和了解键面字的输入法则后,接下来学习非键面字的输入法。

知识锦囊

一、汉字的结构

1. 汉字的结构

汉字由字根组成。汉字的结构取决于组成汉字的字根之间的位置关系。

汉字的结构可分为 4 种类型：单根结构、交叉结构、连笔结构、离散结构。

★单根结构：只由一个字根组成的结构，如王、五、日等。

★交叉结构：由 2 个或几个字根交叉套叠组成的结构，如果、农、申、央等。

★连笔结构：由一个单笔画字根和另一个字根连接组成的结构，如夭、且、入、乏等。

连笔结构包括带点结构，即一个字根和一个点组成的结构，如勺、术、太、刃等。这种结构中的点与字根可近可远，可连可不连。故一个字根之前或之后的孤立的点，一律视作是与字根相连。

★离散结构：有以下两种情况。

① 离：组成汉字的字根之间保持有一定的距离（不相连、不相交）的结构，如林、磊、知、回、旦、豆等。

② 散：指由 2 个或多个相连的非单笔画字根组成的结构，如足、矢等。

2. "连"与"散"的区别

2 个字根相连，有以下两种情况：如果其中有一个是单笔画字根，则属连笔结构。

如果 2 个都是非单笔画字根，则属离散结构。

> 严格掌握汉字的拆分原则：书写顺序、取大优先、能散不连、能连不交、兼顾直观。

高手经验

汉字的拆分原则：按书写顺序、取大优先、能散不连、能连不交、兼顾直观。

1. 书写顺序

在拆分汉字时，要注意按照汉字的书写顺序来拆分。其一般规定为先左后右、先上后下、先横后竖、先撇后捺等。例如，

新:立 木 斤 （√）

新:立 斤 木 （×）

2. 取大优先

在按照书写顺序拆分时,汉字不能无限制地被拆分下去,否则都拆成了单笔画字根了。应当每次都拆取一个尽可能大的字根,即拆分出的字根含有尽可能多的笔画,使被拆分字所含的字根数尽可能少。例如,

克:古 儿 （√）

克:十 口 儿 （×）

3. 能连不交

就是指一个汉字若能按"连笔结构"拆分,就不要按"交叉结构"拆分。例如,

天:一 大 （连笔结构） （√）

天:二 人 （交叉结构） （×）

4. 能散不连

就是指一个汉字若能按"离散结构"拆分,就不要按"连笔结构"拆分。例如,

午： 厂 十 （离散结构）（√）

午： 丿 干 （连笔结构）（×）

5. 兼顾直观

就是在拆字时,尽量照顾到汉字的直观性。例如,

丰： 三 丨 （√）

丰： 二 十 （×）

▌小组时间

1. 了解汉字结构可分为四种类型:单根结构、交叉结构、连笔结构、离散结构。

2. 掌握汉字的拆分原则:按书写顺序、取大优先、能散不连、能连不交、兼顾直观。

3. 练习单字的五笔字型输入40分钟。

活动四 ▌ 画龙点睛——识别码

▌ 任务目标

比较下列两组汉字的字根编码。

第一组:叭 只　　　　　第二组:沐 汀 洒

第一组两个字的字根相同,其字根编码均为 KW;第二组虽然字根不相同,但因其字根所在键位相同,故其字根编码均为 IS。如果这些仅靠字根来定编码,就会带来很多重码,致使打字时浪费在从多个重码字中选字的时间过多,影响打字速度。

了解了汉字的拆分原则,为了解决二字根汉字和三字根汉字的重码问题,五笔字型引入"末笔识别码"(简称"识别码")法。末笔识别码法是五笔字型输入法区别于其他输入法的最重要特点,也是五笔字型输入法中极少出现重码的关键性技术。

知识锦囊

汉字的字型

除单根字外,根据组成汉字字根之间的位置关系,可以将汉字分为三种类型,如图 1.24 所示。

汉字的字型		
字型代号	字型	例字
1 型	左右型	汉、输、话
2 型	上下型	笔、字、型
3 型	杂合型	人、中、国

图 1.24　汉字的字型

左右型又称"1型",上下型又称"2型",杂合型又称"3型"。字根之间无明显的左右和上下之分,字根与字根相互交叉,既交叉又连笔或一个字根包围着另一个字根的情况均属杂合型。以下两种情况特别说明:

◇属于交叉结构和连笔结构的二根字一律属于杂合型,如申、里、自、乏、且、夭、人。

◇因一个字根之前或之后孤立的点,一律视作是与字根相连,故所组成的字均为杂合型,如勺、太、术、义。

小贴士

左右型、上下型、杂合型识别码输入法的区别:字根打完后,补打1个末笔画构成的"单笔画字根";补打由1个末笔画构成的"两笔画字根";补打由1个末笔画构成的"三笔画字根"。

高手经验

识别码的输入方法:

(1) 对于左右型(1型)字,字根打完后,补打1个末笔画构成的"单笔画字根"。例如,

沐:氵 木(Y)　　　　汀:氵 丁(H)　　　　孔:子 乙(N)

(2) 对于上下型(2型)字,字根打完之后,补打由1个末笔画构成的"两笔画字根"。例如,

仑:人 匕(B)　　　　召:刀 口(F)　　　　余:人 禾(U)

(3) 对于杂合型(3型)字,字根打完之后,补打由1个末笔画构成的"三笔画字根"。例如,

击:二 山(K)　　　　床:广 木(I)　　　　亏:二 乙(V)

在以上的例子中,我们用15个笔画字根代表识别码。我们将15个代表识别码的符号汇总在一起,可以得到下列末笔识别码总图,如图1.25所示:

	左右型	上下型	杂合型
横（一）	G	F	D
竖（丨）	H	J	K
撇（丿）	T	R	E
捺（丶）	Y	U	I
折（乙）	N	B	V

图 1.25　末笔识别码总图

▌小组时间

1. 新建一个名为"五笔字型练习题"的文件夹。在文件夹内新建一个文本文档，命名为"识别码练习.txt"。在此文档中输入以下各字。（空格不用输入）

艾哀叭扒　疤笆把坝　柏败备钡　泵仓草扯　尘闯驰斥　丑床丹笛

叮哀斗杜　肚厄洱坊　肪仿访吠　奋弗伏父　讣付改甘　杆秆冈杠

汞勾咕沽　辜蛊故圭　汗弘皇卉　汇讥击忌　贾钾奸茧　见她仅京

井句巨卡　刊看扛苦　库匡旷矿　垃兰雷泪　里利隶栗　粒疗吝码

码蚂吗麦　冒枚眉闷　孟苗庙闽　亩尿农弄　奴拍匹粕　仆扑朴栖

2. 将上题的文件夹复制并粘贴到金山打字通程序中进行重复练习，直至录入速度为每分钟 15 字以上。

活动五 ▎ 简便快捷——输词组

▌任务目标

为了提高输入速度，五笔字型输入法不仅解决了单字 4 个编码即可输入的问题，还设计了多词组也是 4 个编码完成输入的功能，可以输入双字词组、三字词组、四字和四字以上词组。

知识锦囊

1. 双字词组的输入方法

双字词组在汉语中所占的比例非常大,熟练掌握双字词组的输入能大大提高汉字录入速度。

双字词组的编码规则是:分别取每字全码的前 2 码(共 4 码)。例如,汉语(ICYG)、词组(YNXE)、规则(FWMJ)。

2. 三字词组的输入方法

三字词组的编码规则是:取前 2 字全码的第 1 码和最后一字全码的第 1、2 码。例如,

河南省(IFIT)、运动员(FFKM)、集装箱(WUTS)。

3. 四字和四字以上词组的输入方法

四字和四字以上词组的编码规则是:取第 1、2、3 和末字全码的第 1 码。例如,

脚踏实地(EKPF)、风调雨顺(MYFK)、新疆维吾尔族自治区(UXXA)。

要想提高汉字输入速度,必须熟练掌握双字词组、三字词组、四字和四字以上词组的输入法则。

高手经验

进入 Office-Word 软件,将中文输入法切换至五笔输入法,就可用五笔字型进行词组输入。

(1) 双字词组的编码规则是:分别取每字全码的前 2 码(共 4 码)。

(2) 三字词组的编码规则是:取前 2 字全码的第 1 码和最后一字全码的第 1、2 码。

（3）四字和四字以上词组的编码规则是：取第1、2、3和末字全码的第1码。

小组时间

1. 新建一个名为"五笔字型练习题"的文件夹。在文件夹内新建一个文本文档，命名为"双字词组练习.txt"。在此文档中输入以下各字。（空格不用输入）

阿姨	安详	百货	办法	帮助	宝库	保留	报偿	北极	本领
比喻	笔记	碧绿	标本	表达	表示	并列	步行	才干	采访
参谋	操作	测定	缠绵	彻底	成就	成效	吃惊	抽查	出来
传授	春节	从前	粗壮	摧毁	错误	打扫	代码	待查	当时
导弹	到达	得当	得分	等价	调查	叮咛	定额	对称	对待
罚款	法则	法治	烦恼	方案	防范	放送	分开	分钟	风波
封错	否定	服装	符号	复制	改装	感觉	感受	岗位	高层
高尚	告示	格调	根本	公开	更好	巩固	姑娘	关键	观察
管辖	光顾	规定	过去	汉字	好感	合作	很多	会员	机器
积累	集体	技巧	家具	坚持	解放				

2. 将上题的文件夹复制并粘贴到金山打字通程序中进行重复练习，直至录入速度为每分钟40字以上。

3. 新建一个名为"五笔字型练习题"的文件夹。在文件夹内新建一个文本文档，命名为"三字词组练习.txt"。在此文档中输入以下各字。（空格不用输入）

安徽省	奥运会	芭蕾舞	百分比	百家姓	办公室	包装箱
北冰洋	北京市	北美洲	备忘录	比例尺	必修课	必要性
毕业生	闭幕式	编辑部	变压器	辩护人	博物馆	不定期
裁判员	采购员	参考书	长春市	长沙市	超声波	朝鲜族
成交额	出版社	出勤率	出租车	存储器	大部分	大多数
代理人	党支部	档案室	导火线	德智体	登记处	邓小平
迪斯科	地下室	地中海	电磁波	东道主	董事长	动植物
营业税	信用卡	星期六	业务员	营业员	有效期	自然界

4. 将上题的文件夹复制并粘贴到金山打字通程序中进行重复练习,直至录入速度为每分钟 50 字以上。

5. 新建一个名为"五笔字型练习题"的文件夹。在文件夹内新建一个文本文档,命名为"四字和四字以上词组练习. txt"。在此文档中输入以下各字。(空格不用输入)

安然无恙	奥林匹克	百花齐放	闭门造车	宾至如归	不翼而飞
藏龙卧虎	察言观色	朝气蓬勃	成本核算	诚心诚意	出谋划策
触景生情	触类旁观	触目惊心	大刀阔斧	大显身手	道听途说
得寸进尺	繁荣昌盛	港澳同胞	高深莫测	国民经济	海阔天空
活灵活现	集成电路	精益求精	苦口婆心	来龙去脉	扭亏为盈
平等互利	气势磅礴	日积月累	深谋远虑	实际情况	谈笑风生

6. 将上题的文件夹复制并粘贴到金山打字通程序中进行重复练习,直至录入速度为每分钟 60 字以上。

实训与练习

1. 熟背五笔字型字根表。

2. 熟悉键面字的输入方法。

3. 掌握汉字的拆分原则。

4. 理解识别码的使用规则。

5. 新建一个名为"五笔字型练习题"的文件夹。在文件夹内新建一个文本文档,命名为"识别码练习 A(无简码的三根字). txt"。在此文档中输入以下各字。(空格不用输入)

岸皑拜拌	卑狈剥厕	岔场倡程	臭触待单	悼等饵忿	粪封拂赶
皋告苟刮	挂闺豪葫	惶昏荤霍	伎剂佳肩	涧秸惊况	炯卷抉钧
抗恳哭框	奎坤烂蕾	厘凉晾漏	芦旅美谜	拈捏涅判	刨票奇茄
怯琼蛆雀	润腮扇尚	市誓谁诵	酥坍贴童	徒推洼唯	紊芜捂悟
惜湘翔屑	刑汹绣绣	阎彦秧佯	仰蛹誉翟	债砧值植	痔置拄坠

6. 将上题的文件夹复制并粘贴到金山打字通程序中进行重复练习,直至录入速度为每分钟 15 字以上。

7. 新建一个名为"五笔字型练习题"的文件夹。在文件夹内新建一个文本文档,命名为"识别码练习 B(无简码的二根字).txt"。在此文档中输入以下各字。(空格和括号里的字均不用输入)

(带单笔画字根的二根字)

艺气孔鱼　轧札乞扎　幻旦正千　万丫自升　血牛尺飞　乡歹亏丘

乏壬申巾　亡刁尹丸　叉丈尤舌　刃勺户

今屺仲　仟钟虾吁　忘卯犯酒　庐泄扦讫

艺艺气气　孔孔鱼鱼　轧轧札札　乞乞扎扎　幻幻旦旦　正正千千

万万丫丫　升升自自　血血牛牛　尺尺飞飞　乡乡歹歹　亏亏丘丘

乏乏壬壬　申申巾巾　亡亡刁刁　尹尹丸丸　叉叉丈丈　尤尤舌舌

刃刃勺勺　户户今今　屺屺仲仲　仟仟钟钟　虾虾吁吁　忘忘卯卯

犯犯酒酒　庐庐泄泄　扦扦讫讫　羌羌疟疟　沃沃渔渔　礼礼忙忙

8. 将上题的文件夹复制并粘贴到金山打字通程序中进行重复练习,直至录入速度为每分钟 30 字以上。

9. 新建一个名为"五笔字型练习题"的文件夹。在文件夹内新建一个文本文档,命名为"双字词组练习.txt"。在此文档中输入以下各字。(空格不用输入)

戒严　开创　夸奖　理解　明确　恰当　亲切　情况　确定　如果

设计　时代　条件　听说　突然　完成　维修　问候　细节　现代

销量　写出　欣赏　许多　学期　巡逻　研究　意识　音标　隐私

原稿　远近　阅历　责备　珍惜　整齐　证据　支撑　直接　智能

钟情　注意　装修　准确　总计　作风　贡献　固然　合资　宏观

互相　基础　继续　尖端　结构　进度　竞争　局势　捐款　觉悟

开放　考试　可能　课堂　枯燥　满意　免费　模糊　难题　偶像

佩服　批准　平等　期待　勤俭　趋势　权衡　认定　任何　扫描

声音　实际　数学　虽然　态度　题材　条款　推测　无数　物理

稀奇　喜欢　胸怀　宣布　选购　选报

10. 新建一个名为"五笔字型练习题"的文件夹。在文件夹内新建一个文本文档,命名为"三字词组练习.txt"。在此文档中输入以下各字。(空格不用输入)

二进制	发言人	反作用	方向盘	防疫站	房地产	服务业
辅导员	负责人	附加税	复印机	复杂性	覆盖率	基督教
基金会	吉祥物	计算机	记录本	检察官	建筑物	教育界
老百姓	理事会	立方体	穆斯林	平均数	平均值	青霉素
日用品	商业区	沈阳市	审计署	审批权	甚至于	生产力
生产率	实验室	收发室	说明书	统计表	投资额	文件夹
无线电	五线谱	信息量	学分制	研究生	一部分	营业额

11. 新建一个名为"五笔字型练习题"的文件夹。在文件夹内新建一个文本文档,命名为"四字和四字以上词组练习.txt"。在此文档中输入以下各字。(空格不用输入)

完整无缺　唯物主义　文不对题　显而易见　信息处理　斩钉截铁

振兴中华　尊重知识　遵照执行　作茧自缚　作威作福　百尺竿头

百闻不如一见　辩证唯物主义　打破沙锅问到底　更上一层楼

广西壮族自治区　理论联系实际　马克思列宁主义　马克思主义

毛泽东思想　内蒙古自治区　宁夏回族自治区　全国人民代表大会

人民代表大会　西藏自治区　新疆维吾尔族自治区　中国共产党

中国人民解放军　中国人民银行　中华人民共和国

任务四　电脑传票信息录入

活动一　让手指起"舞"——小键盘数据录入指法

任务目标

一、了解计算机小键盘键的分布及功能。

二、掌握计算机小键盘的指法。

计算机小键盘是向计算机输入数字的重要输入设备。小键盘区也称辅助键盘区,位于键盘右侧,主要用于大量数字的输入。该区的大部分按键具有双重功能,一是代表数字和小数点,二是代表某种编辑功能。应用该区左上角的"Num Lock"键,可在两种功能之间进行转换。

知识锦囊

计算机小键盘键的分布及其功能

1. | Num Lock |

数字锁定键:具有开关作用,只对小键盘区的按键有效。按下该键,上方指示灯亮,此时按某个按键输入的是数字;再按一下该键,相应的指示灯熄灭,此时按某个按键执行的是相应的编辑功能。小键盘区处于编辑功能状态时,与编辑区的对应键功能相同。

2. | — |

减号键:指示灯亮或熄该键都显示减号。

3. | + |

加号键:指示灯亮或熄该键都显示加号。

计算机小
键盘区域

图 1.26　计算机小键盘区域

计算机小键盘的指法

计算机小键盘是银行、财会部门工作人员必不可少的输入工具,所以掌握小键盘输入的正确指法非常重要。

1. 各手指负责的键域

在日常工作的数据录入中,通常使用右手负责小键盘数字输入。为了提高键盘的敲击速度,通常将小键盘划分为及格区域,每个区域都有规定的手指负责,合理分工。

(1)拇指

负责"0"键的击键。

(2)食指

负责"Num Lock"、"7"、"4"、"1"键的击键,一般将食指放于"4"基准键位。

(3)中指

负责"/"、"8"、"5"、"2"键的击键,一般将食指放于"5"基准键位。

(4)无名指

负责"＊"、"9"、"6"、"3"、". "键的击键,一般将食指放于"6"基准键位。

(5)小指

负责"－"、"＋"、"Enter"键的击键。

2. 指法

为了便于有效地使用键盘,手指应轻轻放在相应的基准按键上,右手食指、中指和无名指分别放在基准键位"4"、"5"、"6"键位上,拇指负责"0"键,食指、中指、无名指和小指各负责一列键,每当敲击完成后要迅速回到原指定的基准键位上。

小组时间

计算下列各题

使用计算机小键盘,练习击键速度,进行以下训练,分别锻炼拇指、食指、中指、无名指和小指的运动范围。

(1) 4.56＋1.23＋7.89－3.58－6.54－1.53＝

(2) 17.02＋7.20＋407.65＋16.52＋32.58＋98.76－563.21＝

(3) 987.64－60.41－2.09－3.69－182.54－38.90－617.32－14.60－5.87＝

(4) 3.06＋614.28＋109.70＋85.91＋1.79＋53.18＋47.26＋9.03＋87.19＋396.82＝

(5) 413.06＋94.18＋209.76＋185.53＋801.74＋503.17＋400.97＋39.08＋57.69＋308.86＝

(6) 4156＋1023＋7529－3158＋6954＋1453＝

(7) 98264－6241＋21509＋3569－182254＋38990＋617032＋14360＋5687＝

(8) 17802＋7001＋407815＋167852＋391258＋98376＋563521＝

(9) 4156＋1623＋7589＋37058＋6254＋1953＝

(10) 9864＋69341＋209＋3169＋182954＋38907＋617327＋14608＋5871＝

活动二　　眼手合一——电脑传票小写数字录入

任务目标

一、了解传票算的种类。

二、掌握应用计算机小键盘进行传票算的基本方法。

传票算是银行柜员必须掌握的一项技能,银行业也经常以此作为招聘员工的考试内容,考核工作人员的业务素质,甚至作为银行业务技术比赛的项目之一。因此,对于银行柜员而言,熟练掌握传票算的知识和技巧非常重要。

知识锦囊

传 票 的 种 类

传票的种类有多种多样。根据传票装订与否,分为订本式传票和活页式传票两种。订本式传票如发票存根、收据存根和各种装订成册的单据。活页式传票如记账凭证、银行支票、工资卡片等。按照计算内容不同,可分为单式传票(单项目传票)和复式传票(多项目传票)两种。单式传票如银行支票、领料单等。复式传票如记账凭证、生产记录表等。传票的种类,详见下图。计算机比赛使用的传票就是模拟实际工作中的传票设计的,以下介绍用计算机小键盘计算单式传票和复式传票的方法。

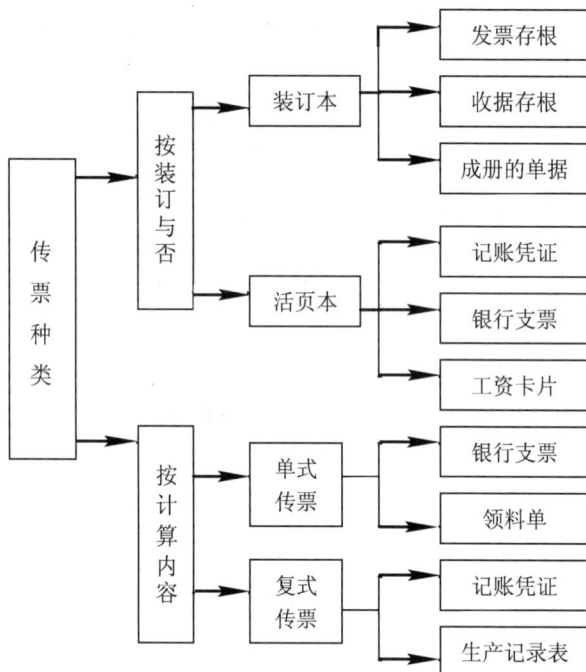

图 1.27 传票的分类

什么是传票?

传票是指记有文字和数字的单据、凭证,如发票、支票、收据、记账传票等,因在有关工作人员之间传递周转,故称传票。传票运算简称为传票算,使用计算器、计算机、算盘对各种单据、发票和记账凭证上的数字金额进行加减运算的一种方法,也成为凭证汇总算。

高手经验

翻打百张单式传票

1. 百张单式传票规格

单式传票一般是活页传票,长 19 cm,宽 9 cm,两行数字颠倒印制成甲、乙两种版,可供 2 次计算。每页上印有阿拉伯数字编号:1、2、…表示传票的页数,每本 100 页。

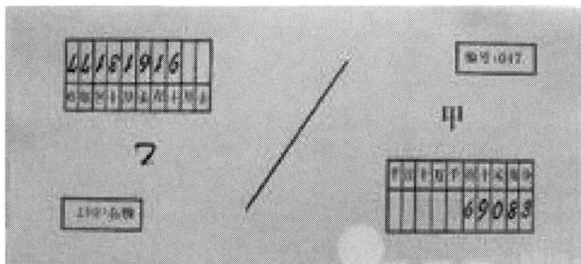

图 1.28　单式传票

2. 百张单式传票算题型

每版每页 1 行,每百页中最高 9 位数,最低 4 位数,全为金额单位。其中,4 位数 16 页,5～8 位数各 17 页,9 位数 16 页,共 650 个数码,拟题时要求 0～9 共 10 个数码均衡出现。命题时,以某版连续 100 页的该行合计数为一题。一般在命题考试时,抽出某 1 页或某 2 页来计算其他 99 页或 98 页的合计数为 1 题。

目前百张单式传票算主要有两种考核方式。一是银行系统业务竞赛常用的比赛形式,采取"限量不限时"的方式,百页数字一次计算,在答数正确的基础上,以速度决定名次。二是采用"限量限时"的方式,每题要求 3～5 分钟完成,答题正确,在 5 分钟内做完为合格,4 分钟内做完为良好,3 分钟内做完为优秀。

3. 翻打百张单式传票算的方法

(1) 整理传票

在进行传票算前,检查传票本是否有漏页、缺页、破页、重页、空白或数字不清等情况。为了便于正确翻页,加快翻页速度,进行传票算前,首先将传票捻成扇形。

　　整理扇面的方法：用左手握住传票的左上角，拇指放在传票封面的左上部，其余四指放在传票本背面；右手握住传票的右下角，拇指放在传票封面的右下部，其余四指放在传票背面，左右手向里捻动，传票封面向里凸出，封底向外凸出，形成扇形后，用票夹将传票左上角夹住，以固定扇面。

　　（2）传票放置的位置

　　由于现在传票算的计算工具一般是计算机，因此传票本放置于桌面左半边，易于看数和有利于翻页。

　　（3）翻页计算

　　① 一翻一页的打法：左手的小指、无名指、中指自然弯曲放在传票本封面中部或稍左，左手拇指的指肚处轻轻靠住传票本应翻起的页码，翻上来后食指配合拇指把翻过的页码夹在中指与食指的指缝中间卡住以便拇指继续翻页。右手将此页有关数字从高位到低位依次输入，还剩下2个数码时，默记末2位数，右手依次输入，左手拇指马上翻起此页，食指立即缩起跨过此页，放到中指和食指之间夹住，拇指指肚靠住传票本边缘，以便继续翻页。这样左手拇指将传票一页一页地翻，同时右手将每页传票的有关数字依次输入，直至最后一页。

　　② 一翻两页的打法：左手无名指和小指放在传票封面的中部偏左，用拇指翻起起始页，食指配合拇指把翻过的页码夹在中指与食指的指缝中间卡住，使起始页与第2页之间留有一定距离，让视线与上、下两张传票翻开的角度相适应，达到2行数字同时映入眼中，右手输入数据按一页一输入的方法。当最后还剩下2个数码时，默记2位数，右手边输入末2位数，左手拇指迅速将已计算过的2页翻起，中指、食指同时缩起跨过这2页，交给无名指与中指夹住，拇指移到下一页准备继续翻页计算，直至最后一页。

　　③ 一翻三页的打法：左手无名指和小指放在传票封面的中部偏左，中指放在起始页上，然后拇指翻起第1页，食指马上放在第2页上，拇指翻起第2页，使眼睛能看清第1、2、3页的数字。右手输入数据按一页一输入的方法，当第3页的最后2个数码即将输入计算机时，拇指迅速将已计算过的第3页翻起，中指、食指同时缩起跨过这3页，交给无名指与中指夹住，拇指移到下一页准备继续翻页计算，直至最后一页。此方法三页翻一次，共翻33次，最后剩1页，就可以写出答数。

翻打百张复式传票

1. 百张复式传票规格

全国珠算比赛用传票在左上角装订成册,一般长 19 cm,宽 9 cm,每本 100 页,每页上印有 5 行。每行从上往下印有行数(一)、(二)、(三)、(四)、(五),分别表示第 1 行数、第 2 行数……每页右上角印有阿拉伯数字,表示传票页数。

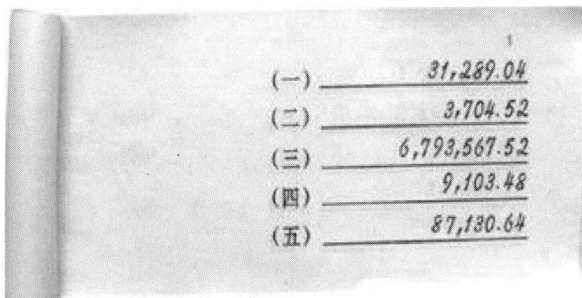

图 1.29 复式传票

2. 百张复式传票算题型

每页 5 行,各行数字从 1 页到 100 页均为 550 个字;每笔最高为 7 或 9 位数,最低为 4 位数,全为金额单位。命题时可任意选定起止页数,以求每连续 20 页的某个同一行合计数为一题,即每页只计算一行数字,把这 20 页的同一行数字连加起来,就得出这道题的结果;0～9 数码均衡出现,由 4～9 位数组成,其中 4、9 位数各占 10%,5、6、7、8 位数各占 20%,题型如下表所示。

表 传票算题

序 号	起止页数	行 数	答 案
1	9～28	(一)	
2	13～32	(五)	
3	2～21	(三)	
4	65～84	(四)	
5	50～69	(二)	
6	8～27	(一)	
⋮			

目前,比赛用传票多采用"限时不限量"的方式,每场比赛 15 分钟。如果答数完全正确,按每题 10 分或 15 分标准计分。

3. 翻打百张复式传票算的方法

(1) 整理传票

与单式传票的整理方法相同。

(2) 传票放置的位置

与单式传票的放置位置相同。

(3) 找页

在运算过程中,复式传票题不是按照传票的自然页数逐题进行运算的,而是交叉组合进行。所谓找页,就是凭左手的触觉,借助眼睛的余光,迅速找到各题的起始页。要求做到翻动传票两三次就能解决。

(4) 翻页计算

计算方法有一翻一页、一翻两页、一翻三页等多种打法,但是计算时要应用记页的方法进行运算。边计算边默念已打过的页数,打一页记一页,默记 19 次,再核对该题的起止页码。

小组时间

1. 用左手专门练习一翻三页或一翻两页的方法。

2. 练习翻页、看数、记数、输入,争取做到边翻、边看、边记、边输入,同时进行。

3. 计时练习,每做错一题,反复打 3 遍,找到答案出错的原因。分析出错原因是提高正确率的有效途径。

4. 记页练习,为了避免多打页或打错页,最好的方法是翻一次页记一次页。在练习中,采用分节看数法看运算数据,不要默念,只凭数字的字形反应直接输入,心里默记翻页次数,2 页为一题,用一次翻三页的打法只需记 6 次,用一次翻两页的打法只需记 9 次,反复练习,习惯记页。

5. 翻打百张单式传票练习:用计算机翻打百张单式传票甲版或乙版。分别求出前 10 页、20 页、30 页……100 页的合计数。达标要求:甲版或乙版 1~100 页的合计数正确,5 分钟内做完为及格、4 分钟内做完为良好、3 分钟内做完为优秀。

6. 翻打复式传票算练习:自备百张复式传票本,按题目要求进行练习。

序　号	起止页数	行　数	答　案
1	17～36	(一)	
2	9～28	(五)	
3	29～48	(三)	
4	69～88	(四)	
5	8～27	(二)	
6	4～93	(一)	
7	46～65	(二)	
8	13～32	(一)	
9	25～44	(三)	
10	54～73	(五)	

实训与练习

一、计算下列各题

使用计算机小键盘,练习击键速度,进行以下练习,分别锻炼中指、食指、无名指及小指的运动范围。

(一)	(二)	(三)	(四)	(五)
4.25	4282.56	50.98	68.76	7862.75
6513.86	8.09	4.03	7.08	324.23
3.07	572.32	55.17	406.32	−867.04
961.18	3.54	983.24	5042.17	−3.41
36.04	483.17	9872.19	18.05	5462.38

（续表）

（一）	（二）	（三）	（四）	（五）
7.80	75.08	8.60	4787.43	7108.49
504.32	391.71	78.79	−342.05	3.14
8171.27	7192.65	5.01	6.81	−945.83
65.24	67.06	36.42	9841.42	81.09
752.73	422.53	69.05	45.96	−89.50
16.87	2188.16	5.71	−729.75	276.16
5926.53	7.94	6972.34	2178.64	−481.62
637.48	19.60	5.47	346.39	6057.95
1233.20	8590.67	857.12	−4.07	63.57
546.35	506.23	7.63	−177.50	3.02

二、翻打百张单式传票练习题

1. 用计算机小键盘翻打单式传票，在 1～100 页中每折起任何 1 页不打，做一题，即将任意的 99 张传票连加，写一个答案，做 202 道题。达标要求：甲版或乙版 1～100 页的合计数正确,5 分钟内做完为及格、4 分钟内做完为良好、3 分钟内做完为优秀。

2. 用计算机小键盘翻打单式传票，在 1～100 页中每折起任何 2 页不打，做一题，即将任意的 98 张传票连加，写一个答案，做 202 道题。达标要求：甲版或乙版 1～100 页的合计数正确,5 分钟内做完为及格、4 分钟内做完为良好、3 分钟内做完为优秀。

三、翻打复式传票练习题

自备百张复式传票本，用计算机小键盘翻打，采用限时不限量的方法，每天集中训练 30 分钟,按题目要求进行练习。达标要求：每 10 分钟做对 8 题为及格、9 题为良好、10 题为优秀。

序号	起止页数	行数	答案	序号	起止页数	行数	答案
1	1～20	(四)		21	25～44	(一)	
2	21～40	(二)		22	79～98	(二)	
3	41～60	(五)		23	58～77	(五)	
4	61～80	(一)		24	32～51	(四)	
5	81～100	(三)		25	23～42	(三)	
6	12～31	(二)		26	22～41	(五)	
7	34～53	(五)		27	16～35	(二)	
8	55～74	(三)		28	56～75	(三)	
9	9～28	(四)		29	28～47	(一)	
10	37～56	(一)		30	50～69	(四)	
11	46～65	(五)		31	13～32	(三)	
12	68～75	(二)		32	18～37	(四)	
13	6～25	(三)		33	24～43	(二)	
14	27～46	(一)		34	31～53	(一)	
15	49～68	(四)		35	38～57	(五)	
16	17～36	(三)		36	51～70	(二)	
17	29～48	(一)		37	62～81	(四)	
18	78～97	(五)		38	74～93	(一)	
19	52～71	(四)		39	44～63	(五)	
20	30～49	(二)		40	67～86	(四)	

模块二
珠算与手工传票翻打

任务一 一起进入珠算世界——珠算基础知识

活动一 ▍ 你了解"我"吗——认识算盘

任务目标

想要打好算盘首先要了解算盘,认识算盘的构造;想要将算盘打得又快又好,就要有正确运算姿势和正确拨珠方法。马步扎稳,事半功倍。

知识锦囊

珠算的起源与发展

珠算是我国古代劳动人民的伟大创造,最早出现"珠算"一词的是东汉徐岳所著《数术记遗》。书中一共记载了我国汉代以前的十四种算法及算具,即积算、太一、两仪、三才、五行、八卦、九宫、运筹、了知、成数、把头、龟算、珠算、计算。其中对"珠算"方法的记载原文为:"珠算:控带四时,经纬三才。"这种"珠算"被称为"游珠算板",它与现在所使用的算盘有所不同,但其计算原理已是五升十进制,所以可视为现代算盘的前身。珠算自产生之日起发展到今天,已经有了 1800 年的历史。

会打一手好算盘曾经是人们的立业之本,学做经济工作时通常有两个必要条件:写一手好字;打一手好算盘。曾经算盘在我们的生活中非常普遍,不仅各单位里必备算盘,甚至在居民家里也备有算盘。

但随着世界进入了电子时代,计算机日渐进入人们的生活,算盘受到一定的冲击,但经过调查后发现,它并没有被淘汰,反而比以前更为兴盛。日本是计算机大国,却把算盘当作宝贝。每年 8 月 8 日是日本国定的算盘节,这一天,孩子们要穿上珠算服,跳珠算舞。许多日本公司组建的珠算队,还评定珠算等级。

一些日本人甚至开始输出珠算文化，在美国开办了珠算私塾。在新加坡，自1995年开始，已有15所小学在三年级开设了珠算课，到1998年，在所有小学二、三年级开设珠算课。除了教育部，负责全国基层组织管理的机构——人民协会也在推广珠算。由此可见珠算与计算机相比还是有其优势所在。特别是在教育启智功能上更是无法替代。算盘直观形象，有助于儿童对抽象的数的概念的形成，在运算过程中手、眼、脑并用，不仅促进了儿童智力的开发，而且能养成孩子良好的学习习惯，因此珠算先后被世界上二十多个国家和地区引进并加以发展。

高手经验

一、算盘的构造(如图2.1所示)

算盘知识知多少？

算 盘 的 种 类

1. 圆珠大算盘。算珠是圆形，上二下五的七珠打算盘，主要流行于南方和西北地区。

2. 菱珠小算盘。算珠是菱形，上一下四的五珠小算盘，主要流行于东北地区。

记位点：算盘横梁上每隔三位标有一个记位点，也叫定位点。以区分整数与小数，也起分节作用

框：算盘周围四边连接的长方形框架，也称边。它有上框、下框、左框、右框之分

清盘器：算盘左上角用于将算珠离梁靠边的弹簧装置

清盘器　记位点　上框
档　　　　　　上珠
梁　　　　　　右框
左框　　　　　下珠

珠：串在算盘档上用以计数的，呈碟形或菱形的珠子称为算珠，也称珠码。梁上方的算珠叫上珠；梁下方的算珠叫下珠

梁：位于框中间偏上处，一条与上下框平行，又与左右框连接的横木

下框

档：穿过横梁连接算盘上下框，用以串连算珠的若干细长杆

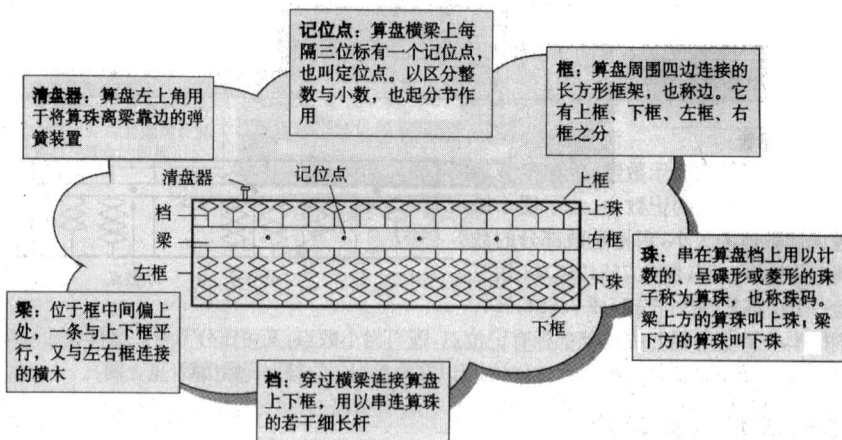

图2.1　算盘的构造

二、算盘的计数法

算盘上的数用算珠表示,采用"五升十进制"。按照"上一为五,下一为一"的规则,同一档够十就要向前一档进位。珠算用档位来表示数位,各档表示不同的数值,通常情况下选择一个记位点为小数点,在它的左边第一档为"个位档",左二档为"十位档"……逐档扩大十倍。记位点右边第一档为"十分位档",右二档为"百分位档"……逐档缩小十倍。

在算盘的梁上每隔三档就有一个记位点,为了加快和掌握珠算,看数拨珠时,可以将熟悉的"分节号"与"记位点"相对应,这样就可以将数位和档位对应起来。多加练习逐步做到眼、脑、手合一,这样计算会越快,越准确。

实训与练习

1. 写出如图 2.2 所示的算盘中各部位的名称

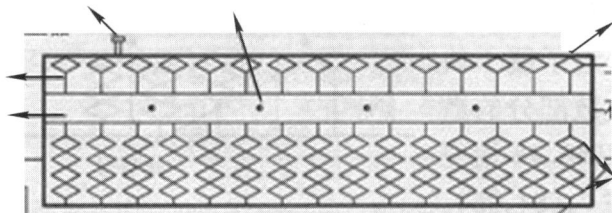

图 2.2 算盘

2. 算盘的计数:

(1) 428,608

(2) 79.21

(3) 58,167.35

(4) 3,785,093

(5) 739,579

(6) 37,593.8563

(7) 372.003

(8) 0.8473

(9) 20,948

(10) 86,259.294

活动二 蹑影追风 如何拨珠又快又准——指法学习

任务目标

拨珠是打算盘的基本功。要求手指既要严格分工,又要相互协作。拨珠工作要准确、迅速、轻巧,落指要稳。初学打算盘的人必须要学好指法,使自己的指法规范化和科学化。这样,打起算盘来才能运用自如,提高运算速度和运算的准确性。

知识锦囊

一、打算盘的姿势

要做到具有正确的打算盘姿势,需要注意以下几点:

算盘平放在桌面身前正中,离桌边 10~15 厘米处;

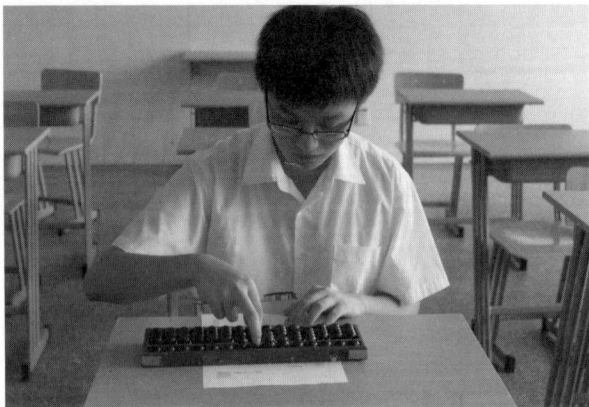

图 2.3 打算盘时的正确姿势

打算盘时,坐姿要端正,身体正直,上体略微前倾,头稍低垂;

手臂应悬肘,肘部摆动幅度不宜过大,方便手指在运算过程中左右移动。

计算资料放在算盘的下面,尽量缩短算盘与计算资料之间的距离,看算盘与看资料时只需要转动眼珠,而不需要转动头颈,这样就可以提高运算的速度。

二、握笔的方法

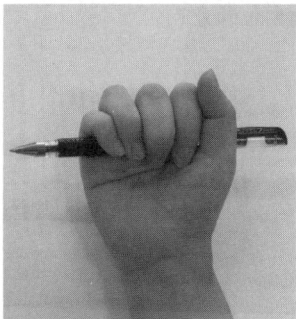
图 2.4 握笔的方法

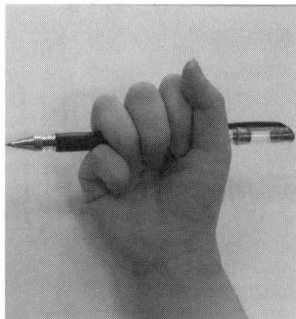
图 2.5 握笔的方法

三、拨珠指法

用手指拨动算珠的操作方法叫做拨珠指法。拨珠指法是珠算的基本动作,拨珠动作的快慢会影响计算的快慢,而拨珠指法的正确与否又直接影响拨珠的快慢。所以,拨珠指法是珠算准、快的基础。拨珠指法可分为三指拨珠法和二指拨珠法。

1. 三指拨珠法

三指拨珠法主要适用于圆珠大算盘,主要用到拇指、食指和中指。

（1）手指分工

拇指:使下珠靠梁;

食指:使下珠离梁;

中指:使上珠靠梁和离梁。

(2) 拨珠方法

1) 单指拨珠

三个手指要各行其职,按规定的分工进行拨珠,单指拨珠是拨珠的基本动作。

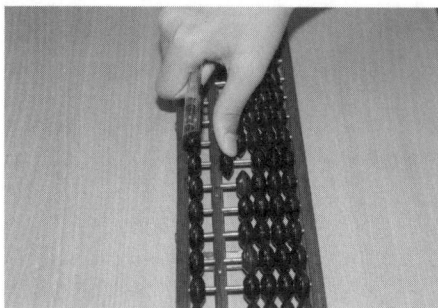

图 2.6　拇指拨珠

图 2.7　食指拨珠

图 2.8　中指拨珠

2) 两指拨珠

在珠算运算过程中,联动拨珠能加快运算的速度,节省时间,两指动作要连贯、协调。

① 拇指与中指联动:使得上下珠同时变动。

图 2.9　在同一档上使上下珠同时靠梁。

图 2.10　在同一档上使上珠离梁下珠靠梁。

图 2.11　在不同档位上使上下珠同时靠梁。

图 2.12　在不同档位上使上珠离梁下珠靠梁。

② 中指与食指联动。

图 2.13　在同一档位上使上下珠同时离梁。

图 2.14　在同一档位上使上珠靠梁下珠离梁。

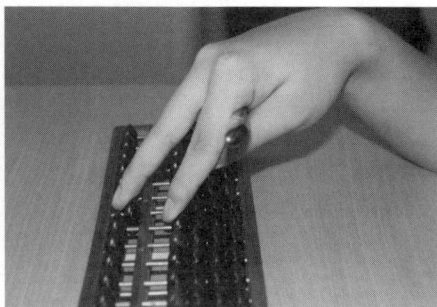

图 2.15 在不同档位上使上下珠同时离梁。 图 2.16 在不同档位上使上珠靠梁下珠离梁。

③ 拇指与食指联动。

图 2.17 本档下珠离梁,左档下珠靠梁。 图 2.18 本档下珠靠梁,右档下珠离梁。

3) 三指拨珠:运用拇指、食指、中指同时拨动,提高运算速度。

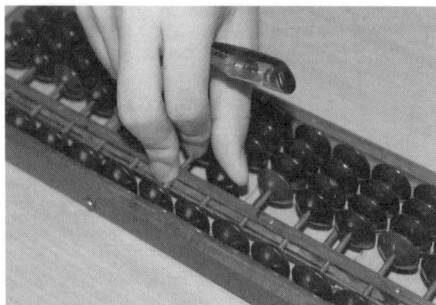

图 2.19 用食指和中指拨动后一档的上、下珠离梁的同时,
用拇指拨动前一档的下珠靠梁。

小组活动

指法的练习:运用三指拨珠方法进行拨珠训练。

任务二　珠算的加减法运算

任务目标

　　珠算的加减法是珠算四则运算的基础,加减法在计算工作中运用广泛,占到了计算量的 80% 以上,运用珠算运算加减法,算法简便,算理科学,是其他计算工具无法比拟的。因此学好加减算是学好珠算的关键。

小贴士

　　珠算的加减运算的基本原则:"数位对齐,高位算起"。在进行加减计算时,要在算盘上选好一个定位点,一般选取较靠右的记位点作为小数点,根据人们看数的习惯,运算顺序从高位到低位,逐位相加,直到拨完最后一个数,盘面上显示的数字就是运算的结果。

活动一　｜　珠算的加法运算

知识锦囊

一、直接加

当两数相加时,本档算珠够加,可以直接从本档中加上所要的数。

例题 1:171+303=474

图 2.20

图 2.21

例题 2：375＋113＝488

图 2.22

图 2.23

小组时间

直接加练习

1. 623＋126＝

2. 512＋326＝

3. 3,125＋5,514＝

4. 3,511＋1,423＝

5. 6,791＋3,107＝

6. 7,075＋7,912＝

7. 7,486＋5,130＝

8. 1,580＋7,413＝

9. 1,511＋6,473＝

10. 86,615＋11,250＝

11. 23,270＋53,624＝

12. 33,786＋55,212＝

13. 53,375＋15,122＝

14. 35,362＋62,327＝

15. $11,250+86,615=$

16. $74,862+25,137=$

17. $35,254+62,735=$

18. $17,862+72,125=$

19. $3,107,362+6,791,327=$

20. $3,478,511+5,521,457=$

二、凑五加

当两数之和为 5 时,称两数互为凑数。

当两个数相加大于或等于 5 却不满 10 时,下珠不够用,就需要拨下上珠,同时在下珠减去多加的数。

高手经验

下珠不够,满五减凑

例题:$323+232=555$

图 2.24

图 2.25

例题:$412+344=756$

图 2.26

图 2.27

小组时间

凑 五 加 练 习

1. 143＋433＝　　　　　　　2. 213＋342＝

3. 124＋243＝　　　　　　　4. 2,431＋4,324＝

5. 3,342＋4,313＝　　　　　6. 4,432＋1,234＝

7. 3,442＋3,214＝　　　　　8. 3,412＋5,443＝

9. 34,234＋21,432＝　　　　10. 43,234＋32,443＝

11. 24,232＋41,333＝　　　　12. 33,211＋22,444＝

13. 34,412＋42,443＝　　　　14. 44,443＋33,342＝

15. 24,423＋21,324＝　　　　16. 234,234＋321,342＝

17. 133,434＋423,222＝　　　18. 433,243＋224,432＝

19. 232,134＋433,434＝　　　20. 433,432＋432,124＝

三、直接进十加

当两个数相加大于或等于 10 时,要向左一档进一的加法称为进十加。进位之后需要在原档位减去多加的数。

高手经验

本档满十,减补进一

例题:153＋958＝1,111

图　2.28

图　2.29

例题：753＋958＝1,711

图　2.30　　　　　　　　　　　　图　2.31

小组活动

直接进十加练习

1. 867＋243＝　　　　　　　　2. 438＋685＝

3. 953＋508＝　　　　　　　　4. 975＋135＝

5. 2,364＋9,756＝　　　　　　6. 9,578＋1,532＝

7. 1,752＋9,959＝　　　　　　8. 56,845＋54,795＝

9. 98,394＋57,969＝　　　　　10. 29,368＋98,795＝

11. 75,348＋85,797＝　　　　　12. 68,479＋47,946＝

13. 89,592＋98,568＝　　　　　14. 77,383＋83,997＝

15. 26,865＋84,545＝　　　　　16. 674,577＋987,599＝

17. 468,934＋995,486＝　　　　18. 729,834＋482,574＝

19. 587,479＋983,484＝　　　　20. 497,689＋768,954＝

四、破五进十加

当两个数相加大于 10 时，本档上珠已经靠梁，此时下珠不够用，就需要拨去上珠，同时用下珠来补，再向前进一。

高手经验

本档满十，加凑去五进一

例题：5,586＋6,868＝12,454

图 2.32

图 2.33

例题：7,876＋6,668＝14,544

图 2.34

图 2.35

小组活动

破 五 进 十 加

1. 587＋838＝   2. 558＋770＝

3. 527+998＝　　　　　　　4. 876+668＝

5. 587+966＝　　　　　　　6. 555+978＝

7. 5,075+8,068＝　　　　　8. 5,675+7,669＝

9. 6,785+8,669＝　　　　　10. 8,786+6,768＝

11. 6,765+7,679＝　　　　　12. 6,943+7,876＝

13. 6,565+8,776＝　　　　　14. 8,667+6,679＝

15. 6,847+4,794＝　　　　　16. 65,667+97,866＝

17. 55,056+78,077＝　　　　18. 55,657+97,686＝

19. 76,865+67,768＝　　　　20. 85,347+66,459＝

小组活动

加 法 练 习

（1）	（2）	（3）	（4）
15,687	9,513	68,190	1,271
6,584	2,467	795	402
22,359	15,687	50,407	30,786
124	5,469	580,281	4,468
45,691	20,364	413	760,017
254	9,780	7,129	3,012
35,498	168	1,127	74,675
12,354	43,912	679	517
856	38,719	6,124	1,562
1,675	24,681	290,803	453
15,679	358	1,522	8,488
9,517	16,890	810	8,031
6,157	6,187	29,759	580,281
23,579	12,384	1,799	473
95,647	3,158	327	4,123

（5）	（6）	（7）	（8）
49,516	2,605	69,859	129
9,317	855	614	1,724
876	51,032	934	9,780
57,098	831	5,093	6,831
748	69,859	7,956	71,203
517	506,618	8,016	392
760,017	253,821	87,351	8,203
372,658	650	73,468	59,524
327	1,032	367	180,387
4,159	4,282	2,841	5,976
2,704	6,041	285,934	3,708
4,345	98,203	109	2,841
92,274	372	51,032	3,901
74,675	77,615	9,500	632
97,164	7,066	3,049	1,629

(9)	(10)	(11)	(12)
278	574	3,059	1,583
2,606	732	56,924	195,897
6,396	307,152	3,799	8,816
658	7,059	423,329	6,043
673,061	30,127	352	1,834
956	4,403	28,554	385,418
260,498	6,049	264	1,073
1,085	820	159,210	10,176
902,673	913	4,276	675,942
307,152	3,796	3,468	16,805
8,102	982	15,673	1,468
755,343	365,592	5,468	593
851	1,864	8,537	85,806
608,125	18,690	268	2,918
562	3059	4,862	1,357

活动二 ▎ 珠算的减法运算

知识锦囊

一、直接减

当两数相减时,本档算珠够减,可以直接从本档中减去所要的数。

例题:849－337＝512

图 2.36

图 2.37

例题:865－250＝615

图 2.38

图 2.39

小组时间

直接减练习

1. $694-151=$ 2. $864-852=$

3. $487-362=$ 4. $379-204=$

5. $938-521=$ 6. $4,886-3,671=$

7. $3,499-1,285=$ 8. $9,848-5,246=$

9. $3,788-2,087=$ 10. $9,478-5,052=$

11. $9,787-3,551=$ 12. $8,939-1,734=$

13. $8,979-1,365=$ 14. $7,998-5,246=$

15. $88,983-23,652=$ 16. $74,378-70,222=$

17. $89,789-32,213=$ 18. $70,797-50,117=$

19. $15,374-52,620=$ 20. $36,859-25,758=$

二、破五减

当档位上的数大于或等于5时,减去小于5的数,档位上的下珠不够用,需要拨去上珠同时加上多减的下珠,称为破五减。

高手经验

下珠不够,破五加凑

例题:$654-457=197$

图 2.40

图 2.41

75

例题：566－142＝424

图 2.42

图 2.43

小组活动

破 五 减 练 习

1. 655－313＝   2. 558－214＝

3. 867－444＝   4. 775－342＝

5. 555－234＝   6. 5,875－2,441＝

7. 5,566－3,133＝   8. 7,558－3,214＝

9. 5,556－3,122＝   10. 5,667－4,444＝

11. 8,565－4,141＝   12. 5,545－1,121＝

13. 6,657－2,433＝   14. 4,574－2,132＝

15. 6,656－2,321＝   16. 65,655－44,213＝

17. 65,556－33,122＝   18. 55,558－134,34＝

19. 77,576－42,342＝   20. 55,656－23,324＝

三、直接退位减

当两个数相减,本档位的数不够时,需从前档退一(相当于减 10),并在本档位上加上多减去的数值。

高手经验

本档不够, 退十加补

例题:1,126－538＝588

图 2.44

图 2.45

例题:11,611－5,733＝5,878

图 2.46

图 2.47

小组活动

直接退位减

1. 111－45＝   2. 112－54＝
3. 117－89＝   4. 239－82＝

5. 2,640－958＝   6. 2,878－999＝

7. 1,666－797＝   8. 1,813－974＝

9. 2,123－889＝   10. 1,111－999＝

11. 1,611－753＝   12. 1,116－547＝

13. 25,220－5,498＝   14. 11,720－8,985＝

15. 16,637－9,899＝   16. 11,110－4,529＝

17. 11,243－2,929＝   18. 11,641－4,727＝

19. 12,821－8,287＝   20. 12,665－4,976＝

四、退十还五减

当两个数相减,本档不够减,需从前档退一(相当于减10),并将多减的数加入本档,当加入的数与本档的数相加大于等于5时,就要先加5,再从下珠减去多加的数。

高手经验

本档不够,退一加五减凑

例题:14,343－9,667＝4,674

图 2.48

图 2.49

例题:552.81－76.96＝475.85

图 2.50　　　　　　　　　图 2.51

小组活动

退十还五减练习

1. $343-67=$

2. $145-66=$

3. $132-77=$

4. $155-86=$

5. $554-88=$

6. $2,683-892=$

7. $1,641-794=$

8. $3,471-976=$

9. $3,296-709=$

10. $5,544-669=$

11. $5,451-867=$

12. $2,343-667=$

13. $4,544-668=$

14. $7,515-986=$

15. $11,641-4,794=$

16. $12,344-6,778=$

17. $13,296-7,709=$

18. $15,555-8,676=$

19. $14,544-8,767=$

20. $29,937-9,938=$

活动三　加减混合运算

在实际运算中,不可能总是碰到单一的加法或者减法,当遇到多笔数相加减的情况时,我们要遇加则加,遇减则减。

例题:

```
  356,857
 −56,149
      235
    8,527
  −4,063
─────────
```

高手经验

要打好加减法练习,需要注意以下几点问题:

1. 珠算通过手指拨动算珠来计算,所以一定要熟练掌握拨珠的基本功,不做假动作,不带珠,尽量一次完成。

2. 看数拨珠不间断。要分节看数、分节拨珠。逐步做到边打边看。

小组时间

加减法混合练习

(1)	(2)	(3)	(4)
20,548	1,020	335,246	705
1,874	3,356	−2,168	61,026
351	−913	1,546	−4,271
−5,413	35,792	238	88,164
1,338	3,176	672,719	1,354
−657	−30,587	−470	−35,793
5,188	3,276	357	182,803
35,789	298	−4,361	4,523
−1,587	−4,568	231,646	14,356
2,138	−276	598	−538
−4,678	1,238	−4,825	1,357
−2,457	4,403	3,129	354,689
3,258	3,459	869	−123,486
2,414	329	−354	3,548
−384	8,534	20,786	−238

(5)	(6)	(7)	(8)
6,842	3,064	54,525	12,387
12,498	−596	35,760	−248
−8,031	1,956	521,148	4,586
1,956	23,803	−3,069	−1,421
−3,579	94,872	3,678	39,108
37,293	−2,357	407	37,65
852	1,567	−596	345
7,682	32,159	81,659	−6,318
980,453	−19,500	−5,094	320,801
−9,735	3,405	49,107	5,806
219	93,432	8,746	60,735
31,695	−2,358	−11,068	−907
39,154	218	93,26	901,164
−8,907	−1,073	19,587	24,869
23,708	14,820	−4,586	−3,564

实训与练习

完成下列加减法混合练习题。

（1）	（2）	（3）	（4）
7,529	315,902	450,967	3,269
1,684	−2,658	−6,738	4,772
−254	615	9,021	−5,215
630,981	58,902	483,073	45,165
2,486	−497	−2,853	65,490
953	−43,106	70,684	2,151
−108,342	287,305	−58,902	−142,634
625	30,945	40,619	63,732
507,316	64,152	4,738	−37,182
−8,104	−4,565	3,140	159,326
3,049	4,708	5,061	349
−517	584	1,275	−2,479
56,817	−9,356	−40,850	34,708
−3,049	283	486,817	−86,497
2,479	507,684	936	150,967

（5）	（6）	（7）	（8）
564,081	5,264	4,197	82,737
−397	−5,247	5,642	−1,399
5,264	208,964	3,498,756	420,738
301,672	597	269	52,643
46,098	96,075	−6,132	−14,965
62,045	−11,310	6,197	85,668
−389	82,737	−481	53,484
35,204	7,683	280,716	726,328
−8,623	−6,409	−81,063	−56,789
538	6,927	8,405	91,135
8,071	67,025	718	64,091
738	−392	−6,824	738
7,683	389	85,234	−3,918
−6,409	8,375	47,828	96,587
47,916	−616	823	4,747

（9）	（10）	（11）	（12）
46,168	978	87,523	303,147
−34,548	278,031	−34,176	−4,389
46,785	2,560	369,360	893
68,597	85,231	8,453	7,580
577	−1,287	3,645	−69,856
1,274	7,217	−79,827	9,753
83,823	−935	90,358	−864
806,804	128,659	−2,716	191,704
−82,492	−9,105	423,085	2,895
4,179	4,890	57,298	128,019
−6,167	324	−37,065	−28,659
269	35,879	45,096	1,283
−75,601	−15,732	−263	463,827
67,025	−2,795	913	−2,389
3,498	70,319	78,659	401,625

任务三　珠算的乘除法运算

任务目标

　　珠算的乘除法是以加减法为基础,认识每个数字的位数,学会判断数位的方法。乘除法相对来说较难,但是功夫不负有心人,只要勤加练习,一定能够在速度和准确率上有所提高。

活动一 ▌ 珠算的乘法运算

知识锦囊

这里我们介绍的是空乘盘前法。空乘盘前法是空盘乘法的一种,在进行珠算乘法运算时,题目上的数不用拨入盘中,只是将两者的乘积直接拨在算盘上。这样就省略了数字上盘的环节,减少了拨珠的次数,缩短了运算的过程,节约运算时间提高计算速度。

一、数的位数

1. 正位数:当一个数带有整数部分时,这个数就是正位数,不管这个数后面是否带有小数,有几位整数就是正几位。

例如:25.321(正2位)   158,935(正6位)。

2. 零位数:当一个数没有整数部分,小数点后第一位为非零的数时,叫做零位数。

例如:0.78(零位数)   0.65723(零位数)

3. 负位数:当一个数没有整数部分,小数点后到第一位非零的数之间有几个零,就是负几位。

例如:0.00456(负2位)   0.000027(负4位)

二、定位

当拿到一道题目时,到底应该从算盘的哪一档上面开始拨珠呢? 这就需要来定位。

例题:537×3,829

　　　+3　+4　　　+7

首先判断两个数字的数位,537为正3位,3,829为正4位,我们就从正7档开始拨珠。

例题:8,385×0.0937

　　　+4　　−1　　　+3

首先判断两个数字的数位,8,385 为正 4 位,0.0937 为负 1 位,我们就从正 3 档开始拨珠。

三、大九九乘法口诀

在珠算的乘法中,我们要用到九九乘法口诀,九九乘法口诀每句四字,由四个数组成。例如,$5 \times 6 = 30$,读作:五六三零,而不是五六三十;再如:$2 \times 3 = 06$,读作:二三零六,而不是二三得六。

采用这种方法有助于提高大脑的反应速度,同时也可以保持两位数读法的一致性,有利于珠算乘法运算速度的提高。

大九九口诀表

	一	二	三	四	五	六	七	八	九
一	一一 01	一二 02	一三 03	一四 04	一五 05	一六 06	一七 07	一八 08	一九 09
二	二一 02	二二 04	二三 06	二四 08	二五 10	二六 12	二七 14	二八 16	二九 18
三	三一 03	三二 06	三三 09	三四 12	三五 15	三六 18	三七 21	三八 24	三九 27
四	四一 04	四二 08	四三 12	四四 16	四五 20	四六 24	四七 28	四八 32	四九 36
五	五一 05	五二 10	五三 15	五四 20	五五 25	五六 30	五七 35	五八 40	五九 45
六	六一 06	六二 12	六三 18	六四 24	六五 30	六六 36	六七 42	六八 48	六九 54
七	七一 07	七二 14	七三 21	七四 28	七五 35	七六 42	七七 49	七八 56	七九 63
八	八一 08	八二 16	八三 24	八四 32	八五 40	八六 48	八七 56	八八 64	八九 72
九	九一 09	九二 18	九三 27	九四 36	九五 45	九六 54	九七 63	九八 72	九九 81

图 2.52

四、一位数乘法

例题:893×4

步骤:(1) 确定档位:893 为正 3 位,4 为正 1 位,所以从第四档开始准备拨珠。

(2) 运用九九乘法口诀:四八 32,九四 36,三四 12。

(3) 运算顺序:从高到低,先用 8 ×4,其次用 9×4,最后用 3×4。

图 2.53

图 2.54

(4) 加积。

(5) 写答数。

一位数乘法例题、解题步骤和答案图解。

档位	+4	+3	+2	+1
8×4	3	2		
9×4		3	6	
3×4			1	2
答数	3	5	7	2

五、多位数乘法

例题:473×59

步骤:(1) 确定档位:473 为正 3 位,59 为正 2 位,所以从第五档开始准备拨珠。

(2) 运用九九乘法口诀:四五 20,四九 36,七五 35,七九 63,三五 15,三九 27。

(3) 运算顺序:从高到低,先用 4×5,4×9;其次用 7×5,7×9;最后用 3×5,3×9。

(4) 加积。

(5) 写答数。

图 2.55

图 2.56

图 2.57

图 2.58

图 2.59

图 2.60

多位数乘法例题、解题步骤和答案图解

档位	+5	+4	+3	+2	+1
4×5	2	0			
4×9		3	6		
7×5		3	5		
7×9			6	3	
3×5			1	5	
3×9				2	7
答数	2	7	9	0	7

高手经验

1. 空前盘乘法是以九九乘法口诀为基础,乘法算能够准确快速的关键是乘法口诀的熟练程度。

2. 算珠时要注意档位。乘法采用递位叠加的方法。首先一定要对档位判断正确,并且注意要指不离档。这样下一次要拨的数就可以直接加在手指悬浮的档位上,以此类推。

小组时间

一、一位数乘法练习

1. 35×8＝

2. 76×4＝

3. 46×8＝

4. 18×9＝

5. 67×4＝

6. 96×7＝

7. 87×9＝

8. 49×3＝

9. 38×7＝

10. 61×8＝

11. 849×7＝

12. 348×7＝

13. 618×6＝

14. 549×8＝

15. 279×5＝

16. 948×8＝

17. 673×4＝

18. 491×4＝

19. 375×6＝

20. 947×3＝

二、二位数乘法练习

1. 64×85＝

2. 38×15＝

3. 84×96＝

4. 87×35＝

5. 18×76＝

6. 49×38＝

7. 71×82＝

8. 49×67＝

9. 56×46＝

10. 81×76＝

11. 68×72＝

12. 49×49＝

13. 85×67＝

14. 72×38＝

15. 94×25＝

16. 76×38＝

17. 94×38＝

18. 75×24＝

19. 64×94＝

20. 38×79＝

21. 648×67＝

22. 318×48＝

23. 158×67＝

24. 359×18＝

25. 495×76＝

26. 549×87＝

27. 348×79＝

28. 985×67＝

29. 876×54＝

30. 495×89＝

31. $768 \times 45 =$ 32. $594 \times 82 =$

33. $168 \times 27 =$ 34. $649 \times 28 =$

35. $498 \times 98 =$ 36. $498 \times 75 =$

37. $548 \times 38 =$ 38. $472 \times 68 =$

39. $672 \times 84 =$ 40. $375 \times 57 =$

41. $1,867 \times 68 =$ 42. $3,157 \times 67 =$

43. $6,857 \times 25 =$ 44. $3,591 \times 46 =$

45. $7,591 \times 35 =$ 46. $2,495 \times 18 =$

47. $3,958 \times 24 =$ 48. $2,694 \times 75 =$

49. $3,185 \times 67 =$ 50. $4,861 \times 52 =$

51. $9,735 \times 64 =$ 52. $4,875 \times 31 =$

53. $9,187 \times 52 =$ 54. $3,792 \times 48 =$

55. $3,719 \times 58 =$ 56. $9,275 \times 78 =$

57. $3,159 \times 27 =$ 58. $2,947 \times 35 =$

59. $6,127 \times 48 =$ 60. $7,349 \times 59 =$

三、多位数乘法练习

1. $354 \times 985 =$ 2. $678 \times 157 =$

3. $846 \times 358 =$ 4. $268 \times 491 =$

5. $384 \times 618 =$ 6. $394 \times 725 =$

7. $648 \times 824 =$ 8. $315 \times 658 =$

9. $724 \times 849 =$ 10. $397 \times 759 =$

11. $158 \times 674 =$ 12. $957 \times 394 =$

13. $759 \times 486 =$ 14. $594 \times 385 =$

15. $718 \times 682 =$ 16. $486 \times 259 =$

17. $947 \times 361 =$ 18. $549 \times 726 =$

19. $648 \times 726 =$ 20. $318 \times 759 =$

21. $5,817 \times 689 =$ 22. $6,487 \times 385 =$

23. $9,451 \times 678 =$ 24. $3,184 \times 765 =$

25. $1,849 \times 489 =$ 26. $4,829 \times 765 =$

27. $8,176 \times 987 =$　　　　　28. $4,953 \times 187 =$

29. $6,781 \times 493 =$　　　　　30. $7,485 \times 684 =$

31. $1,794 \times 865 =$　　　　　32. $8,496 \times 597 =$

33. $4,891 \times 768 =$　　　　　34. $9,458 \times 649 =$

35. $2,549 \times 793 =$　　　　　36. $7,562 \times 895 =$

37. $4,759 \times 294 =$　　　　　38. $7,965 \times 349 =$

39. $8,249 \times 976 =$　　　　　40. $7,364 \times 975 =$

41. $51,987 \times 359 =$　　　　42. $15,679 \times 759 =$

43. $18,768 \times 498 =$　　　　44. $36,874 \times 815 =$

45. $34,829 \times 487 =$　　　　46. $54,697 \times 358 =$

47. $29,864 \times 187 =$　　　　48. $31,894 \times 768 =$

49. $25,849 \times 617 =$　　　　50. $38,497 \times 625 =$

51. $28,497 \times 359 =$　　　　52. $34,975 \times 186 =$

53. $64,827 \times 684 =$　　　　54. $62,489 \times 768 =$

55. $48,619 \times 248 =$　　　　56. $97,548 \times 358 =$

57. $17,492 \times 364 =$　　　　58. $48,927 \times 816 =$

59. $61,875 \times 486 =$　　　　60. $97,682 \times 483 =$

61. $64,879 \times 6,487 =$　　　62. $18,497 \times 3,846 =$

63. $94,687 \times 8,265 =$　　　64. $28,497 \times 7,968 =$

65. $68,735 \times 9,487 =$　　　66. $38,795 \times 4,982 =$

67. $49,281 \times 3,758 =$　　　68. $92,843 \times 8,276 =$

69. $81,647 \times 3,892 =$　　　70. $79,285 \times 7,694 =$

71. $84,968 \times 2,594 =$　　　72. $59,824 \times 8,769 =$

73. $46,928 \times 3,849 =$　　　74. $91,468 \times 2,734 =$

75. $94,386 \times 4,872 =$　　　76. $49,526 \times 3,178 =$

77. $76,384 \times 9,852 =$　　　78. $75,942 \times 8,496 =$

79. $62,948 \times 4,867 =$　　　80. $16,875 \times 4,987 =$

81. $156,879 \times 84,679 =$　　82. $648,975 \times 45,987 =$

83. $924,678 \times 48,569 =$　　84. $359,741 \times 84,687 =$

85. 795,684×25,798＝   86. 948,375×38,472＝

87. 156,752×48,967＝   88. 957,651×98,756＝

89. 759,842×54,987＝   90. 759,860×46,795＝

91. 387,951×75,694＝   92. 641,897×58,952＝

93. 695,748×82,497＝   94. 769,248×81,673＝

95. 159,486×76,288＝   96. 685,219×37,512＝

97. 854,627×45,389＝   98. 318,497×52,678＝

99. 278,618×89,564＝   100. 426,789×95,486＝

四、小数点乘法练习（保留两位小数，四舍五入）

1. 628×0.359＝   2. 267×0.486＝

3. 185×0.957＝   4. 598×0.597＝

5. 816×0.279＝   6. 819×0.157＝

7. 816×0.685＝   8. 648×0.468＝

9. 284×0.364＝   10. 879×0.249＝

11. 0.185×0.378＝   12. 0.167×0.259＝

13. 0.529×0.349＝   14. 0.186×0.368＝

15. 0.851×0.657＝   16. 0.189×0.394＝

17. 0.948×0.675＝   18. 0.817×0.359＝

19. 0.765×0.492＝   20. 0.287×0.649＝

21. 5.49×12.5＝   22. 3.49×156.7＝

23. 56.1×48.5＝   24. 56.48×86.54＝

25. 594.6×18.59＝   26. 768.5×64.92＝

27. 75.64×34.59＝   28. 94.82×73.56＝

29. 198.5×76.5＝   30. 189.5×49.59＝

31. 18.349×7.26＝   32. 35.625×0.0156＝

33. 49.218×0.03685＝   34. 2.168×5.318＝

35. 65.27×0.0568＝   36. 48.168×24.68＝

37. 197×0.03549＝   38. 549.28×16.354＝

39. 185.36×18.27＝   40. 0.0579×7.5642＝

活动二 ▎ 珠算的除法运算——隔位商除法

知识锦囊

商除法是通过估商、置商、减积的方法，逐位求答数。

一、商的定位

在珠算的运算过程中，我们要确定商的位数。除法的定位与乘法稍有不同。我们可以运用公式：$P=M-N-1$（其中 P 为商的位数，M 为被除数的位数，N 为除数的位数）。

让我们先分析下列两道例题：

例题：586,248÷65

$P=(+6)-(+2)-1=+3$ 位

例题：29.38÷0.359

$P=(+2)-0-1=+1$ 位

二、一位数除法

一位数除法的运算步骤：

1. 定位、置数

利用 $P=M-N-1$ 的公式来确定被除数的起拨档，将被除数置入盘中。

2. 估商

利用大九九乘法口诀，心算估计被除数中有几个除数，进行估商。

3. 运算顺序

从高位到低位，依次除到末位，直到题中要求的精确度为止。

4. 置商

将所估商置入盘中。当被除数首位数字大于或等于除数首位数字时，在被除数首位左边隔一个档位上置商；被除数首位数字小于除数首位数字时，则在被除数首位左边挨着的档位上置商。

够除隔位置商，不够除前档置商。

5. 减积

从被除数中减去商与除数的乘积,积的十位从该商的右面第一档位减去,个位从第二档位减去。将盘中余数打完为止。

6. 写答数

将得到的答数写在试卷上。

例题 1:3,168÷8＝396

步骤:

1. 定位、置商

置数档位:(＋4)－(＋1)－1＝＋2 位,从第二档开始拨入被除数。

2. 置商、估商、减积

(1) 置商:3÷8 不够除,所以前档置商。

(2) 估商:3÷8 不够,需要借位,用 31÷8,心算估 3(三八 24)。

(3) 减积:从置商档的右边一档开始减 3－2,右二档 1－4,不够减可向前一档借一位,余数为 768。(盘中若还有余数,继续再来一次)

3. 置商、估商、减积

(1) 置商:7÷8 不够除,所以前档置商。

(2) 估商:7÷8 不够,需要借位,用 76÷8,心算估 9(九八 72)。

(3) 减积:从置商档的右边一档开始减 7－7,右二档 6－2,余数 48。

(盘中若还有余数,继续再来一次)

4. 置商、估商、减积

(1) 置商:4÷8 不够除,所以前档置商。

(2) 估商:4÷8 不够,需要借位,用 48÷8,心算估 6(六八 48)。

(3) 减积:从置商档的右边一档开始减 4－4,右二档 8－8,余数 0。

5. 盘中余数为零,盘上显示商为 396,记录答数。

例题 2:5,463÷9＝607

步骤:

1. 定位、置商

置数档位:(＋4)－(＋1)－1＝＋2 位,从第二档开始拨入被除数。

2. 置商、估商、减积

（1）置商:5÷9 不够除,所以前档置商。

（2）估商:5÷9 不够,需要借位,用 54÷9,心算估 6(六九 54)。

（3）减积:从置商档的右边一档开始减 5－5,右二档 4－4,余数 63。

（盘中若还有余数,继续再来一次）

3. 置商、估商、减积

（1）置商:6÷9 不够除,所以前档置商。

（2）估商:6÷9 不够,需要借位,用 63÷9,心算估 7(七九 63)。

（3）减积:从置商档的右边一档开始减 6－6,右二档 3－3,余数 0。

4. 盘中余数为零,盘上显示商为 607,记录答数。

例题 3:98.35÷0.8＝122.94(保留两位小数,四舍五入)

步骤:

1. 定位、置商

置数档位:(＋2)－(0)－1＝＋1 位,从第一档开始拨入被除数。

2. 置商、估商、减积

（1）置商:9÷8 够除,所以隔档置商。

（2）估商:9÷8 够除,不需要借位,用 9÷8,心算估 1(一八 08)。

（3）减积:从置商档的右边一档开始减 0－0,右二档 9－8,余数 18.35。

（盘中若还有余数,继续再来一次）

3. 置商、估商、减积

（1）置商:1÷8 不够除,所以前档置商。

（2）估商:1÷8 不够,需要借位,用 18÷8,心算估 2(二八 16)。

（3）减积:从置商档的右边一档开始减 1－4,第二档 8－6,余数 2.35。（盘中若还有余数,继续再来一次）

4. 置商、估商、减积

（1）置商:2÷8 不够除,所以前档置商。

（2）估商:2÷8 不够,需要借位,用 18÷8,心算估 2(二八 16)。

（3）减积:从置商档的右边一档开始减 2－1,第二档 3－6,不够减可向前一档借一位,余数 0.75。（盘中若还有余数,继续再来一次）

5. 置商、估商、减积

(1) 置商:7÷8 不够除,所以前档置商。

(2) 估商:7÷8 不够,需要借位,用 75÷8,心算估 9(九八 72)。

(3) 减积:从置商档的右边一档开始减 7-7,第二档 5-2,余数 0.03。(盘中若还有余数,继续再来一次)

6. 置商、估商、减积

(1) 置商:3÷8 不够除,所以前档置商。

(2) 估商:3÷8 不够,需要借位,用 30÷8,心算估 3(三八 24)。

(3) 减积:从置商档的右边一档开始减 3-2,第二档 0-4,不够减可向前一档借一位,余数 0.006。(盘中若还有余数,继续再来一次)

7. 置商、估商、减积

(1) 置商:6÷8 不够除,所以前档置商。

(2) 估商:6÷8 不够,需要借位,用 60÷8,心算估 7(七八 56)。

(3) 减积:从置商档的右边一档开始减 6-5,第二档 0-6,不够减可向前一档借一位,余数 0.0004。(盘中若还有余数,继续再来一次)

8. 置商、估商、减积

(1) 置商:4÷8 不够除,所以前档置商。

(2) 估商:4÷8 不够,需要借位,用 40÷8,心算估 5(五八 40)。

(3) 减积:从置商档的右边一档开始减 4-4,余数为 0。

9. 盘中余数为零,盘上显示商为 122.9375,记录答数四舍五入 122.94。

三、多位数除法

多位数除法的运算步骤:

1. 定位、置数

利用 $P=M-N-1$ 的公式确定被除数的起拨档,将被除数置入盘中。

2. 估商

利用九九乘法口诀,心算估计被除数中有几个除数,进行估商。

3. 运算顺序

从高位到低位,依次除到末位,直到题中要求的精确度为止。

4. 置商

将所估商置入盘中。当被除数首位数字大于或等于除数首位数字时,在被除数首位左边隔一个档位上置商;被除数首位数字小于除数首位数字,则在被除数首位左边挨着的档位上置商。

够除隔位置商,不够除前档置商。

5. 减积

多位数除法的减积步骤需要分几次进行。商与第一位除数相乘的乘积从商数右边第一档开始减起。商与第二位除数相乘的乘积从商数右边第二档开始减起。依此类推。

在运算过程中,应注意始终把手放在每次减积的档位上,若减去的乘积中带有"0",应向右边退一档。有几个"0",就往右退几档。以免搞错档位而导致运算错误。

6. 写答数。

例题 1:44,785÷65＝689

步骤:

1. 定位、置商

置数档位:(＋5)－(＋2)－1＝＋2 位,从第二档开始拨入被除数。

2. 置商、估商、减积

(1) 置商:4÷6 不够除,所以前档置商。

(2) 估商:4÷6 够除,需要借位,用 44÷6,心算估 7(七八 42),但考虑到第二位除数 5,商估得太大会不够减,所以估小一点,心算估 6(六六 36)。

(3) 减积:商与第一位除数相乘(六六 36),从置商档的右边一档开始减 4－3,第二档 4－6,不够减可向前一档借一位;商再与第二位除数相乘(六五 30),从置商档的右边第二档开始减 8－3,右三档 7－0。盘中余数为 5,785。(盘中若还有余数,继续再除一次)

3. 置商、估商、减积

(1) 置商:5÷6 不够除,所以前档置商。

(2) 估商:5÷6 够除,需要借位,用 57÷6,心算估 8(八六 48)。

(3) 减积:商与第一位除数相乘(八六 48),从置商档的右边一档开始减 5－4,第二档 7－8,不够减可向前一档借一位;商再与第二位除数相乘(八五 40),从置商档的右边第二档开始减 9－4,右三档 8－0。盘中余数为 585。(盘

中若还有余数,继续再除一次)

4. 置商、估商、减积

(1) 置商:5÷6不够除,所以前档置商。

(2) 估商:5÷6够除,需要借位,用58÷6,心算估9(九六54)。

(3) 减积:商与第一位除数相乘(九六54),从置商档的右边一档开始减5-5,第二档8-5;商再与第二位除数相乘(九五45),从置商档的右边第二档开始减4-4,右三档5-5。盘中余数为0。

5. 盘中余数为零,盘上显示商为689,记录答数。

例题2:383,375÷3,067=125

步骤:

1. 定位、置商

置数档位:(+6)-(+4)-1=+1位,从第一档开始拨入被除数。

2. 置商、估商、减积

(1) 置商:3÷3够除,一样大,看第二位8>0,38÷30够除,所以隔档置商。

(2) 估商:3÷3够除,不需要借位,心算估1(一三03)。

(3) 减积:商与第一位除数相乘(一三03),从置商档的右边一档开始减0-0,第二档3-3;商与第二位除数相乘(一零00),从置商档的右边第二档开始减0-0,右三档8-0;商与第三位除数相乘(一六06),从置商档的右三档开始减8-0,右四档3-6,不够可向前借一位;商与第四位除数相乘(一七07),从置商档的右四档开始减7-0,右五档3-7,不够可向前借一位。盘中余数为76,675。(盘中若还有余数,继续再除一次)

3. 置商、估商、减积

(1) 置商:7÷3够除,所以隔档置商。

(2) 估商:7÷3够除,不需要借位,心算估2(二三06)。

(3) 减积:商与第一位除数相乘(二三06),从置商档的右边一档开始减0-0,第二档7-7;商与第二位除数相乘(二零00),从置商档的右边第二档开始减0-0,右三档6-0;商与第三位除数相乘(二六12),从置商档的右三档开始减6-1,右四档6-2,不够可向前借一位;商与第四位除数相乘(二七14),从置商档的右四档开始减4-1,右五档7-4。盘中余数为15,335。(盘中若

还有余数,继续再除一次)

4. 置商、估商、减积

(1) 置商:1÷3 不够除,所以前档置商。

(2) 估商:1÷3 够除,需要借位,心算估 5(五三 15)。

(3) 减积:商与第一位除数相乘(五三 15),从置商档的右边一档开始减 1−1,第二档 5−5;商与第二位除数相乘(五零 00),从置商档的右边第二档开始减 0−0,右三档 3−0;商与第三位除数相乘(五六 30),从置商档的右三档开始减 3−3,右四档 3−0;商与第四位除数相乘(五七 35),从置商档的右四档开始减 3−3,右五档 5−5。盘中余数为 0。

5. 写答数。

小组活动

一、一位数除法练习(保留两位小数,四舍五入)

1. $534 \div 6 =$ 2. $372 \div 7 =$

3. $1,794 \div 3 =$ 4. $2,782 \div 2 =$

5. $3,588 \div 6 =$ 6. $1,024 \div 4 =$

7. $5,536 \div 8 =$ 8. $3,942 \div 9 =$

9. $5,211 \div 9 =$ 10. $4,886 \div 7 =$

11. $5,988 \div 6 =$ 12. $7,637 \div 8 =$

13. $96,700 \div 9 =$ 14. $59,348 \div 6 =$

15. $76,016 \div 6 =$ 16. $8,684 \div 3 =$

17. $7,694 \div 8 =$ 18. $4,324 \div 3 =$

19. $95,865 \div 4 =$ 20. $87,360 \div 8 =$

二、两位数除法练习(保留两位小数,四舍五入)

1. $2,254 \div 23 =$ 2. $3,038 \div 49 =$

3. $3,264 \div 94 =$ 4. $1,675 \div 67 =$

5. $3,276 \div 36 =$ 6. $1,470 \div 98 =$

7. $5,394 \div 58 =$ 8. $2,806 \div 61 =$

9. $4,484 \div 59 =$ 10. $1,728 \div 48 =$

11. $5,498 \div 34 =$ 12. $2,648 \div 76 =$

13. $4,928 \div 72 =$ 14. $3,149 \div 82 =$

15. $1,872 \div 43 =$ 16. $8,453 \div 52 =$

17. $2,678 \div 62 =$ 18. $8,739 \div 84 =$

19. $6,729 \div 26 =$ 20. $1,826 \div 34 =$

21. $22,317 \div 63 =$ 22. $14,592 \div 96 =$

23. $15,078 \div 42 =$ 24. $15,760 \div 16 =$

25. $13,104 \div 56 =$ 26. $27,675 \div 75 =$

27. $21,096 \div 36 =$ 28. $62,335 \div 91 =$

29. $40,426 \div 82 =$ 30. $23,650 \div 25 =$

31. $34,055 \div 49 =$ 32. $37,052 \div 59 =$

33. $36,158 \div 82 =$ 34. $12,636 \div 26 =$

35. $14,094 \div 49 =$ 36. $53,440 \div 64 =$

37. $19,926 \div 54 =$ 38. $10,578 \div 41 =$

39. $35,002 \div 37 =$ 40. $55,754 \div 61 =$

41. $59,483 \div 46 =$ 42. $28,497 \div 76 =$

43. $81,679 \div 31 =$ 44. $39,758 \div 64 =$

45. $61,876 \div 27 =$ 46. $92,487 \div 46 =$

47. $58,197 \div 79 =$ 48. $84,237 \div 82 =$

49. $68,795 \div 53 =$ 50. $94,387 \div 18 =$

51. $62,437 \div 56 =$ 52. $73,568 \div 49 =$

53. $84,692 \div 75 =$ 54. $39,482 \div 24 =$

55. $94,738 \div 84 =$ 56. $73,524 \div 95 =$

57. $46,382 \div 37 =$ 58. $67,294 \div 43 =$

59. $82,349 \div 73 =$ 60. $81,327 \div 52 =$

三、多位数除法练习(保留两位小数,四舍五入)

1. $218,576 \div 304 =$ 2. $25,740 \div 396 =$

3. $44,722 \div 758 =$ 4. $44,322 \div 498 =$

5. $14,535 \div 765 =$ 6. $67,470 \div 195 =$

7. $5,360,156 \div 624 =$　　　　8. $89,286 \div 138 =$

9. $152,280 \div 235 =$　　　　10. $96,068 \div 658 =$

11. $59,731 \div 458 =$　　　　12. $34,972 \div 597 =$

13. $389,467 \div 158 =$　　　　14. $943,758 \div 476 =$

15. $648,738 \div 257 =$　　　　16. $7,684,983 \div 1,846 =$

17. $4,876,183 \div 7,923 =$　　　　18. $1,895,473 \div 2,845 =$

19. $684,723 \div 4,850 =$　　　　20. $49,758,318 \div 17,384 =$

四、小数点除法练习（保留两位小数，四舍五入）

1. $318 \div 0.84 =$　　　　2. $58.16 \div 0.64 =$

3. $849.5 \div 4.68 =$　　　　4. $8,739 \div 0.318 =$

5. $197.57 \div 78.64 =$　　　　6. $35.197 \div 0.0256 =$

7. $946 \div 0.67 =$　　　　8. $46.824 \div 6.5 =$

9. $2,843 \div 0.341 =$　　　　10. $943.24 \div 38.5 =$

11. $598 \div 0.6 =$　　　　12. $637 \div 0.08 =$

13. $96,700 \div 0.9 =$　　　　14. $59.348 \div 0.6 =$

15. $76.16 \div 6 =$　　　　16. $0.864 \div 0.03 =$

17. $0.7694 \div 0.8 =$　　　　18. $0.432 \div 0.3 =$

19. $0.095865 \div 0.4 =$　　　　20. $0.8736 \div 0.8 =$

实训与练习

一、乘法练习（每组限时 5 分钟，取两位小数，以下四舍五入）

1	2
(1) $9,567 \times 157 =$	(1) $4,873 \times 135 =$
(2) $547 \times 1,537 =$	(2) $459 \times 3,657 =$
(3) $2,781 \times 768 =$	(3) $7,538 \times 0.324 =$
(4) $2,864 \times 89,957 =$	(4) $1,567 \times 852 =$
(5) $1,573 \times 48 =$	(5) $3,547 \times 0.6489 =$
(6) $2,795 \times 4,687 =$	(6) $5,782 \times 456 =$
(7) $457.4 \times 153 =$	(7) $6,849 \times 3,571 =$

(8) 72,598×159＝

(9) 24,876×486＝

(10) 0.21467×0.246＝

3

(1) 0.3157×0.3579＝

(2) 5,867×195＝

(3) 483,657×0.35＝

(4) 879×6,489＝

(5) 157×6,384＝

(6) 354×785＝

(7) 159×4,860＝

(8) 957×487＝

(9) 8,790×148＝

(10) 487×3,549＝

5

(1) 9,578×351＝

(2) 789×249＝

(3) 8,456×28＝

(4) 1,567×0.1567＝

(5) 2,796×268＝

(6) 157×954＝

(7) 1,867×594＝

(8) 246×956＝

(9) 357×486＝

(10) 1,874×0.359＝

(8) 951×573＝

(9) 8,534×9,348＝

(10) 768×2,590＝

4

(1) 267×186＝

(2) 2,768×183＝

(3) 463×782＝

(4) 1,489×358＝

(5) 714×359＝

(6) 359×0.157＝

(7) 486×759＝

(8) 2,468×29＝

(9) 4,567×856＝

(10) 246×486＝

6

(1) 684×294＝

(2) 1,267×583＝

(3) 432×156＝

(4) 127×9,543＝

(5) 0.1549×0.3354＝

(6) 751×316＝

(7) 497×327＝

(8) 1,867×0.6187＝

(9) 924×2,780＝

(10) 487×267＝

二、除法练习(每组限时 5 分钟,取两位小数,以下四舍五入)

1

(1) 283,008÷804＝

(2) 38,088÷184＝

2

(1) 24,909÷437＝

(2) 14,658÷349＝

(3) 3.7678÷5.16＝

(4) 13,083÷367＝

(5) 309,472÷509＝

(6) 22,325÷475＝

(7) 41,064÷708＝

(8) 47,151÷842＝

(9) 123,120÷304＝

(10) 22,264÷968＝

3

(1) 375,160÷415＝

(2) 17,748÷204＝

(3) 78,432÷86＝

(4) 17,453÷563＝

(5) 15,574÷258＝

(6) 0.39÷0.917＝

(7) 25,994÷317＝

(8) 41,064÷708＝

(9) 11,736÷18＝

(10) 370,220÷428＝

(3) 3.592÷9.62＝

(4) 746,235÷805＝

(5) 28,912÷139＝

(6) 28,119÷721＝

(7) 58,764÷83＝

(8) 51,504÷87＝

(9) 2.5635÷0.812＝

(10) 25,340÷905＝

4

(1) 76,670÷902＝

(2) 300,672÷928＝

(3) 186.048÷86＝

(4) 16,207÷19＝

(5) 22,660÷412＝

(6) 5,584÷16＝

(7) 62,726÷79＝

(8) 17,748÷204＝

(9) 5,542÷34＝

(10) 303,666÷642＝

模块三
点钞和假币识别

任务一　让我们走近柜面手工点钞

活动一 ▌ 万丈高楼平地起——认识手工点钞

点钞是商业银行柜面出纳工作最重要的组成部分,柜员点钞的速度和质量直接影响柜面工作的效率。点钞可分为手工点钞和机器点钞两种。手工点钞从操作手势上可分为手持式、手按式、扇面等,而且每种方法按单次清点张数不同又可细分为多种方式。在学习点钞技术之初,让我们先来认识手工点钞的基本要求、要领和环节。

▌ 任务目标

一、知道银行柜面人员现金收付工作的基本要求。

二、知道现金整点的基本要求。

知识锦囊

走近银行柜员的现金收付工作

银行柜面出纳员在办理现金收付业务时,一般应按下列程序办理:

(1) 审查现金收、付款凭证及其所附原始凭证的内容,要求填写齐全、清楚,两者内容是否一致。

(2) 然后依据现金收、付款凭证的金额,先点数大额票面金额,再点数小额票面金额,结合先点数成捆的(暂不拆捆)、成把(卷、指铸币)的(暂不拆把、卷),再点数零数。在点数过程中,一般在计算器上加计金额,点数完毕,计算器上的数字和现金收、付款凭证上的金额和点数数额三者应相同。

(3) 从整数至零数,逐捆、逐把、逐卷地拆捆点数,在拆捆、拆把、拆卷时应暂时保存原有的封签、封条和封纸,点数无误后才可扔掉。

（4）点数无误后，即可办理具体的现金收存业务。

钞券整理口诀

平铺整齐，变焦无折

同券一起，不能混淆

券面同向，不能颠倒

验查真伪，去伪存真

剔除残钞，完残分放

百张一把，十把一捆

扎把捆紧，经办盖章

清点结账，复核入库

高手经验

让我们认识现金的整点

（一）点钞的基本要领

1. 坐姿端正

点钞的坐姿会直接影响点钞技术的发挥和提高。正确的坐姿应该是直腰挺胸，身体自然，肌肉放松，双肘自然放在桌面上，持票的左手腕部接触桌面，右手腕部稍抬起，整点货币轻松持久，活动自如。

2. 钞券墩齐

需清点的钞券必须清理整齐、平直。这是点准钞券的前提，钞券不齐不易点准。对折角、弯折、揉搓过的钞券要将其弄直、抹平，明显破裂、质软的钞券要先挑出来。清理好后，将钞券在桌面上墩齐。

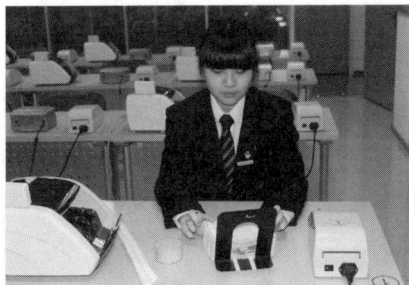

图 3.1

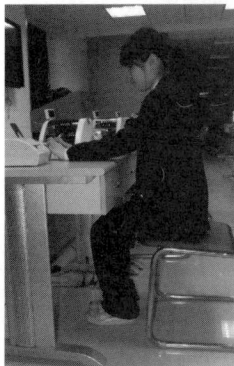

图 3.2

图 3.3

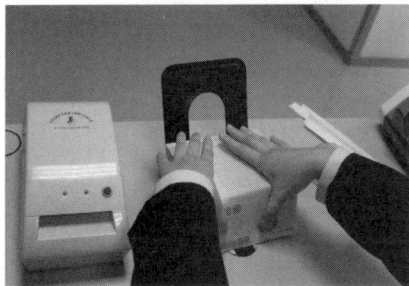

图 3.4

3. 开扇均匀

钞券清点前,都要将票面打开成扇形,使钞券有一个坡度,便于捻动。开扇均匀是指每张钞券的间隔距离必须一致,使之在捻钞过程中不易夹张。因此,扇面开得是否均匀,决定着点钞是否准确。

图 3.5

图 3.6

4. 手指触面小

手工点钞时,捻钞的手指与钞券票面的接触面要小。如果手指接触面大,手指往返动作的幅度随之增大,从而使手指频率减小,影响点钞速度。

5. 动作连贯

动作连贯是保证点钞质量和提高效率的必要条件,点钞过程的各个环节(拆把、清点、墩齐、扎把、盖章)必须密切配合,环环相扣。清点中双手动作要协调,速度要均匀,要注意减少不必要的小动作。

6. 手脑并用

手脑并用是指在点钞过程中手所点的钞券张数要与心中数的钞券张数相一致。避免出现记数过快或过慢。应该尽量使用心数而不是用口数,尤其是当速度达到一定水平后,口数容易造成记数过慢。

(二)点钞的基本环节

1. 拆把

拆把是指将整点成把钞券的起腰条脱去或勾断。在工作中一般是初点时脱腰条,复点时将腰条勾断。

2. 持钞

在持钞过程中将钞券打开呈均匀的扇形,每一种点钞方法都有特定的持钞姿势,详见后面的课题。

3. 清点

清点是整个点钞中最为关键的环节,在清点过程中力求做到既准又快。同时将残损破币和不同版别券挑出。每清点完100张为一把。

4. 扎把

在扎把之前先将钞券墩齐,做到四边对齐、不露头、不卷折。用腰条进行扎把,力求做到又紧又快。扎把成型后把最上面一张轻轻提起,如果不会抽出视为合格。

5. 盖章

扎把完成后,最后一个步骤是盖章。为了实现责任到人,每一把都要求盖上点钞人的名章,一般盖在腰条的上侧,所盖的图章必须清晰明了。

图 3.7

图 3.8

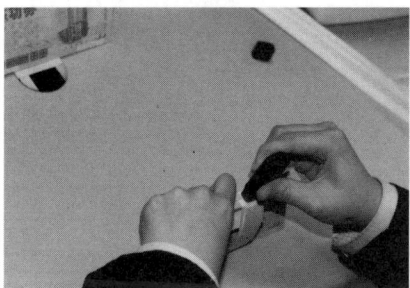

图 3.9

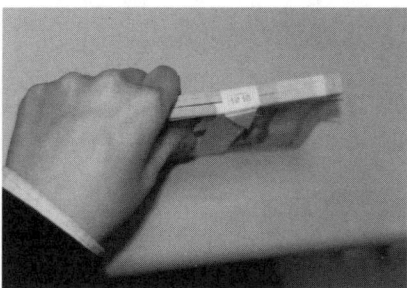

图 3.10

点钞考级标准

　　中国工商银行总行根据银行实际确定了行级技术标准,要求单指单张:时数(即每小时点钞数)1.5 万张;多指多张:时数 2.4 万张;散把:时数 1.4 万张;工具整点硬币:时数 6 万枚。上述标准对于中职中专学校的学生而言,虽然有些偏高,但也并不是高不可攀,应把这个标准作为努力奋斗的目标。

小贴士

点钞方法	等级	3 分钟张数	100 张所用时间
单指单张	一	700 张以上	22 秒以内
	二	600～699 张	24 秒以内
	三	500～599 张	26 秒以内
多指多张	一	1000 张以上	17 秒以内
	二	800～999 张	20 秒以内
	三	700～799 张	22 秒以内

小组时间

1. 请说出点钞的基本要领有哪些？
2. 点钞有哪些基本环节？

活动二 ▌ 手持式单指单张点钞法

任务目标

一、掌握手持式单指单张点钞法的分解动作。

二、熟练掌握手持式单指单张点钞法的循环动作。

三、运用手持式单指单张点钞法 30 秒能完成百张钞券的清点和扎把。

四、手持式单指单张点钞是银行柜面出纳业务中最为常用的一种点钞方法，由于持钞面积比较小，基本能看见票面的 3/4，因此容易发现假票和残损破币。

高手经验

一、持币

左手手心朝内,打开左手中指与无名指,夹住钞券左边 1/2 处,如图 3.11 所示,再将左中指与无名指向内屈,左食指后腰托住票面。左大拇指在左侧向右推压票面,同时右食指在右侧向左推钞券,右食指与中指托住钞券右上角的后面,右无名指与小手指自然弯曲。此时钞券呈弓型,侧面为扇型,如图 3.12 所示。

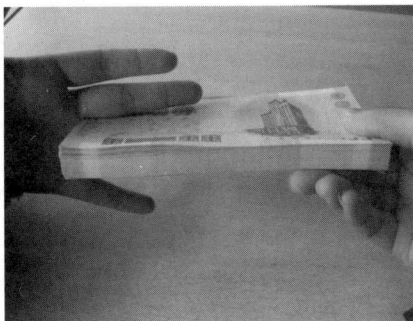

图 3.11

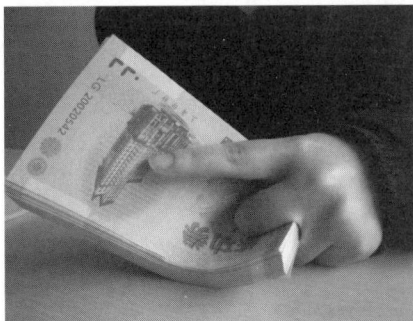

图 3.12

二、点钞

点钞时用右大拇指指尖沾好甘油,轻轻捻动钞券右上角,右食指、中指配合大拇指捻动,将钞券向右下 45° 角捻出一小边缘,钞券背面形成一个小弧度,每捻一次为一张,如图 3.13 所示,无名指将捻下的钞券向怀内弹出,如图 3.14 所

图 3.13

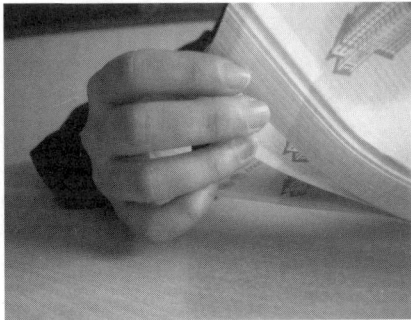

图 3.14

示。同时右手拇指微微抬起,并迅速移回右上角,捻第二张钞券,左手拇指随着钞券的捻动向后移动,当点到剩下最后三四张钞券时,右手拇指和食指将钞券捻开,无名指弹拨清点张数。

三、挑残

在清点过程中,如发现有残损破币时可以先用右手的中指和无名指将该钞券折向右外,待点完100张后抽出补上。

四、记数

单指单张点钞的记数方法主要有两种:分组记数法和双数记数法。

分组记数法是:1、2、3、…、8、9、1;1、2、3、…、8、9、2;…;1、2、3、…、8、9、10。

双数记数法是:0、1、0、2、0、3、…、0、8、0、9、1、0;1、1、1、2、1、3、…、1、8、1、9、2、0;2、1、2、2、2、3、…、2、8、2、9、3、0;…;4、1、4、2、4、3、…、4、8、4、9、5、0。

五、扎把

用左手持币立于桌面,尽量使钞券的左上角抵住左手的手心,左食指、中指、无名指并拢捏住钞券使其呈瓦状,如图3.15和图3.16所示。右手拇指、食指、中指捏腰条,用右手掌心靠齐钞券。将腰条压在左食指下,右食指、中指捏在腰条上,如图3.17所示,大拇指捏在腰条上向上绕腰条,如图3.18所示。当绕到第二圈时用左食指按住腰条的上侧,右手食指与中指夹住腰条向右做90°外翻,使腰条与钞券的上边齐平,如图3.19和图3.20所示,再用右手的食指和中指将腰条头掖进钞券与腰条之间的空隙中,如图3.21、图3.22和图3.23所示。

图 3.15

图 3.16

图 3.17

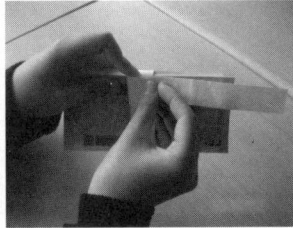

图 3.18　　　　　　图 3.19　　　　　　图 3.20

图 3.21　　　　　　图 3.22　　　　　　图 3.23

小贴士

① 点钞时，右手拇指不能脱离票面，每一张捻动的位置应该相同，拇指接触票面面积越小，速度越快。

② 右手食指、中指扶在扇面斜面，左手大拇指轻压扇面斜面的1/2处。

③ 点钞时，钞券的左下角要求在一个点上，左手的中指、无名指夹紧钞券。两指的第二指关节在一个平面上，以防钞券随着捻动而散把。

知识锦囊

1. 手持式单指单张散把整点法

用手持式单指单张点钞方法，对散把的钞券完成持钞、清点、扎把三个动作，整点完每一把为一百张，对整点的钞券要做到点准、墩齐、扎紧。

2. 手持式单指单张整把整点法

用手持式单指单张点钞法，对捆扎好的每一把钞券完成拆把、持钞、清

115

点、扎把四个动作,整点完每一把为一百张,对整点的钞券要做到点准、墩齐、扎紧。

小组时间

一、填空题

1. 分组记数法。按照1、2、3、…、8、9、1(即10);_____;依此类推,数到_____(即100)的规律,一直记到最后一个数是"10",就是100张。也可以按照0、1、0、2、0、3、…、0、8、0、9、1、0;_____;_____;_____;4、1、4、2、4、3、…、4、8、4、9、5、0;这种计数法叫做_____。

2. 点完钞券之后,如发现有多余或缺少,应在原扎条或点钞成绩记录单上记录所点张数。如是"100"张可写成"0","101"张可写成_____,"102"张可写成_____,"103"张可写成_____;如是"99"张可写成_____,"98"张可写成_____,"97"张可写成_____等字样。

二、操作题

1. 分小组训练手持式单指单张点钞法,每天至少练习30分钟,取钞、持钞、清点、捆扎。

2. 5分钟点钞练习:用时5分钟,给5把以上的钞券,要求连清点带扎把5把以上;点对3把为及格,点对4把为良好,点对5把为优秀。

活动三　手持式四指拨动点钞法

任务目标

一、掌握手持式四指拨动点钞法的分解动作。

二、熟练掌握手持式四指拨动点钞法的循环动作。

三、运用手持式四指拨动点钞法30秒能完成百张钞券的清点和扎把。

手持式四指拨动点钞法也称为四指四张点钞法。适用于收、付款的整点工作。由于每指依次各点一张,在清点过程中看得比较清楚,因此在点钞过程中容易发现假票和残损破币。

 高手经验

一、持币

钞券横握于右手,如图 3.24 和图 3.25 所示,将左手手心向内,手指向下。左中指在票面,左食指、无名指和小手指在票后,卡住钞券并将钞券向内握成瓦状,同时左大拇指在钞券的左端向右,将钞券推出呈扇面,如图 3.26 和图 3.27 所示。手腕向外转动 90°,使钞券的凹面朝左向内。

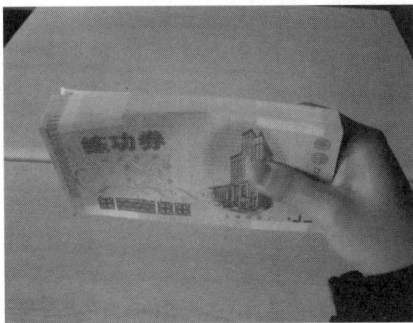

图 3.24

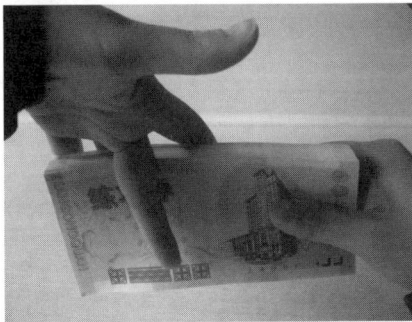

图 3.25

图 3.26

图 3.27

二、点钞

右手大拇指轻轻托在钞券的右上角下面,右手的小手指、无名指、中指、食指略微并拢呈弓形放于钞券的右上端,食指靠内,小手指靠外,如图 3.28 和图

3.29 所示。点数时先以小指指肚触及票面右上端,然后再以无名指、中指、食指各指顺序逐一触及右上端,并向怀内拨票,如图 3.30 和图 3.31 所示。

图 3.28

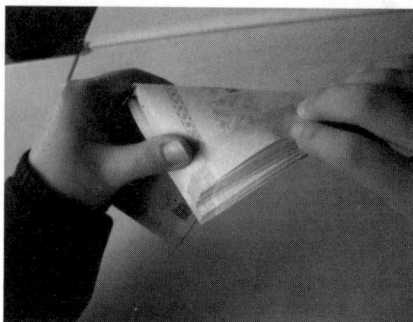

图 3.29

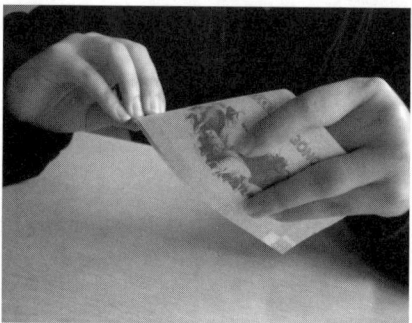

图 3.30

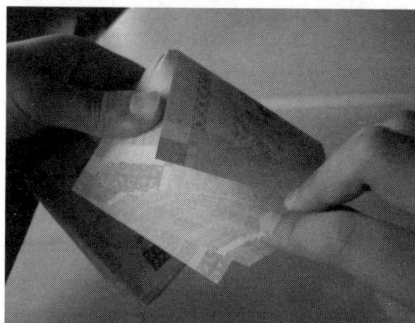

图 3.31

三、记数

手持式四指拨动点钞法采用分组记数,每组为 4 张,记 25 组为 100 张。

小组时间

1. 分组计时练习手持式四指拨动点钞法的操作步骤。测试标准:每把(100 张)30 秒以内点对点完为优秀(包括扎把),35 秒以内点对点完为良好,40 秒以内点对点完为合格。

2. 点钞综合练习。准备 10 把以上的钞券,用时 7 分钟,要求连点带扎 8 把以上。点对 8 把为及格,点对 9 把为良好,点对 10 把以上为优秀(包括扎把)。

活动四 ▌ 手按式点钞法

▌任务目标

一、熟练掌握手按式单指单张点钞法的循环动作。

二、熟练掌握手按式双张点钞法的循环动作。

三、熟练掌握手按式三张、四张点钞法的循环动作。

手按式点钞法是一种比较传统但使用较广泛的点钞方法。适用于收、付款的散点和整点。按照单次清点的张数不同,可分为手按式单指单张点钞法、手按式双张点钞法和手按式三张、四张点钞法。

🔍 高手经验

手按式单张点钞法

手按式单指单张点钞法由于持钞的面积比较小,因此容易发现假票和残损破币,具体操作方法如下:

1. 持币

将钞券正面朝上横放正前方,左小手指和无名指微曲放于钞券的左上角。如图 3.32 和图 3.33 所示。

图 3.32

图 3.33

2. 点钞

用右大拇指轻轻托住钞券的右下角,用右手的食指捻动钞券第一张,左手拇指向上推动钞券,用左食指和中指夹住钞券,依次往复,如图 3.34 和图 3.35 所示。

图　3.34

图　3.35

3. 记数

手按式单指单张点钞法采用分组记数法:1、2、3、…、8、9、1;1、2、3、…、8、9、2;…;1、2、3、…、8、9、10。

手按式双张点钞法

手按式双张点钞法基本与手按式单张点钞法相同,具体操作方法如下:

1. 持币

将钞券正面朝上横放正前方,左小手指和无名指微曲放于钞券的左上角。

2. 点钞

用右大拇指轻轻托住钞券的右下角,用右手的中指捻动钞券第一张,随后食指捻动第二张,左拇指往上推送这两张钞券于左食指与中指间夹住,右大拇指向上推动钞券,依次往复。

3. 记数

手按式双张点钞法采用分组记数法:1、2、3、…、8、9、1;1、2、3、…、8、9、2;…;1、2、3、…、8、9、10。

手按式三张、四张点钞法

手按式三张、四张点钞法能看见的钞券面积比较小,因此不容易发现假币和残损破币。但是速度明显较快。具体操作方法如下:

1. 持币

将钞券正面朝上横放正前方,左小手指和无名指微曲放于钞券的左上角。如图 3.36 所示。

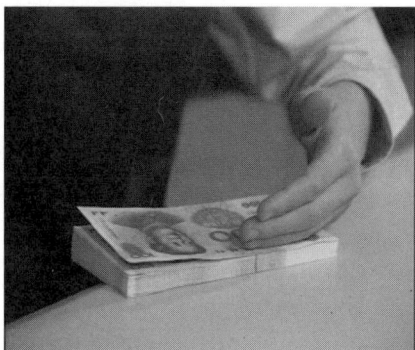

图　3.36

2. 点钞

三张点钞时右无名指先捻动第一张,随即用右中指和食指捻动第二张和第三张,捻起的钞券夹在左食指和中指之间,如图 3.37、图 3.38 和图 3.39 所示。

  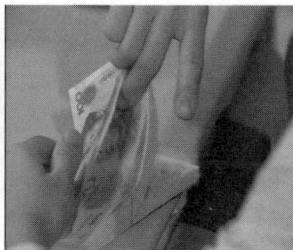

图　3.37　　　　　　　图　3.38　　　　　　　图　3.39

四张点钞时左小手指先捻动第一张,随即用右无名指、中指和食指捻动第二张、第三张和第四张,捻起的钞券夹在左食指和中指之间。

3. 记数

手按式三张、四张点钞法采用分组记数。手按式三张点钞法的分组记数方法为每次为一组,共计 33 组,最后剩下一张,总共是 100 张;手按式四张点钞法的分组记数方法为每次为一组,共计 25 组,总共是 100 张。

小组时间

一、手按式单张点钞法

1. 手按式单指单张点钞法练习,要求分小组集中训练、测试,每天练习至少 30 分钟。

2. 点钞综合练习。用时 8 分钟,准备 10 把以上的钞券,要求连点带扎把完成 8 把以上;点对 8 把为及格,点对 9 把为良好,点对 10 把为优秀(包括扎把)。

二、手按式双张、三张、四张点钞法

1. 分组计时集中训练手按式双张点钞法的操作步骤。测试标准:准备 20 把以上的钞券,用时 10 分钟,要求连点带扎把完成 14 把以上。点对 14~15 把为及格,点对 16~17 把为良好,点对 18 把以上为优秀。

2. 分组计时集中训练手按式三张、四张点钞法的操作步骤和测试标准:准备 20 把以上的钞票,用时 10 分钟,要求连点带扎把完成 16 把以上。点对 16~17 把为及格,点对 18~19 把为良好,点对 20 把以上为优秀。

三、综合操作题

一天,某公司出纳员李女士到银行取钱给员工发工资,取款单上填写的金额为 160,300 元。特别要求有 50 元、20 元、10 元面额的钞票各 3,000 元,5 元面额的钞票 1,000 元和 1 元面额的钞票 300 元,请你办理取款业务,并写出操作步骤。

活动五　硬币的整点

任务目标

一、熟练掌握手工整点硬币的方法。

二、熟练掌握工具整点硬币的方法。

硬币的整点方法与钞券的整点方法不同,硬币整点的基本方法有手工整点和工具整点。在日常业务中,由于硬币的使用较少,较为普遍的是采用手工整点。

高手经验

手工整点硬币主要包括拆卷、清点、记数、包封、盖章五个环节的工作。

手工整点硬币

1. 拆卷

将待拆卷的硬币放在新的包装纸上。右手握住硬币的1/3处,左手撕开包装纸。右手大拇指从左端向右端向下压开包装纸。包装纸压开后,用左手食指平压硬币,右手把撕开的包装纸抽出。

2. 清点

清点时用右大拇指和食指从右向左分组清点,为了确保准确,可以用右手中指从一组中间分开查看,比如点10枚,从中间分开,两边各为5枚。

对散币进行封装前的清点,先将散币整理整齐,每100枚按卷摆放,然后采用上述方法清点。

3. 记数

采用分组记数法,如每次清点10枚为一组,那么点10组为100枚。具体可以根据个人的熟练程度而定。

4. 包封

左右手的小指和无名指靠住硬币的两端,用双手大拇指、食指和中指向中间将包装纸折压贴住硬币,然后拇指将包装纸往前压,食指配合往后压,最后用食指和拇指协同向前推动硬币。将包封的硬币两端多余的包装纸压平折叠,将封口封牢。

> 包封前将纸沿底边 3 厘米左右处折叠一下,折叠后的纸可以使排列整齐的硬币不会散乱。

5. 盖章

用左手推动硬币向前滚动,右手持图章按住硬币右端,顺势进行滚动。

工具整点硬币

工具整点硬币是指大批的硬币借助硬币整点器进行清点,大致分为拆卷、清点、包装和盖章等步骤。

1. 拆卷

工具整点硬币的拆卷主要有两种方法:震裂法和刀划法。

震裂法拆卷以双手拇指、食指、中指捏住硬币的两端向下震动,震动的同时左手稍向里扭动,右手稍向外扭动。用力要适度,不要使硬币震散。使包装纸震裂后,取出震裂的包装纸准备清点。

刀划法拆卷,首先在硬币整点器的右端安装一个刀刃向上的刀片,拆卷时双手拇指、食指、中指捏住硬币的两端,从左端向右端从刀刃上划过,这样使包装纸被刀刃划开一道口子,硬币进入整点器盘内,然后把被划开的包装纸取出准备清点。

2. 清点

硬币放入整点器内进行清点,把双手食指放在整点器的两端,拇指推动弹簧轴,眼睛从左端看到右端,看清每格内是否为 5 枚,一次看清,如有氧化变形及伪币须随时别除,如数补充后准备包装。

3. 包装和盖章

工具整点硬币的包装和盖章方法与手工整点硬币的包装和盖章方法相同，此处不再详述。

小组时间

1. 请说出手工整点硬币的步骤?

2. 学生收集或者兑换同种面额的硬币 100 枚以上，采用手工整点硬币法进行硬币整点训练。

实训与练习

一、点钞的训练方法

1. 点钞动作可分解训练。从持钞、清点、扎把到盖章等，每个具体动作都分开训练。

2. 快速应用点钞法找到加在练功券中的不同版本的练功券，这是训练挑残破券、假币的基本功。

3. 在教学中，多次组织学生进行个人和集体训练。每年要组织一定规模的个人全能比赛、集体项目比赛，进行等级鉴定考核等多种形式的实训。

二、点钞综合实训、测试操作步骤及要求

1. 为每个考生准备 8 把练功券，每把 100 张，反复清点无误，并编上序号①②③④⑤⑥⑦⑧。

2. 在编有序号的 8 把练功券中随机挑出 4 把，随机抽出或增加若干张，重新捆扎好。

3. 考生自带点钞用具，包括笔、甘油、海绵池。点钞开始前，监考人员发给学生一个信封、若干张点钞成绩记录单。

4. 正式开考前，监考人员发给学生已经出好题的 8 把练功券。待考生准备完毕后，监考人员发出"预备——开始!"口令，监考人员同时按下计时表计时，考生开始操作。考试进行到 4 分钟时，监考人员提示"考试时间还剩下 1 分钟"。5 分钟时，监考人员下达"时间到，五、四、三、二、一、停!"口令，每位考生必须停止点钞、扎钞等操作，全体起立，迅速将各自清点过的扎成把的练功券与

未清点的散券分开摆好，并将差错数及时记录在差错把原腰条上，差错把必须保留原腰条，将尾钞放在信封里，并退场。

5. 由监考评分教师清点每个考生的尾钞，看扎把是否紧，旧扎条是否放入新扎把里。由评分教师把清点情况记录在点钞成绩记录单上。

任务二　点钞的双重保障——点钞机的应用

活动一　点钞机的操作

任务目标

一、知道点钞机的使用常识。

二、掌握点钞机的操作方法。

机器点钞就是使用点钞机整点钞票。由于机器点钞效率高，一般时数可达5万～7万张，比手工点钞快2～3倍，能有效改善银行柜员服务质量，减轻劳动强度，而且在点钞的同时还能检验钞票的真假。因此，它成为商业银行柜员点钞的主要方式，点钞员都应掌握此方法。

知识锦囊

机器点钞适用于清点比较新的、大面额的批量款项，而残币和辅币还要靠手工清点。点钞机有许多型号，功能也各不相同，但其原理大同小异，主要用于点钞，并具有防伪功能。

卧 式 点 钞 机

从外观上看点钞机主要是由下钞斗、接钞台、捻钞轮、计数光电感应器、功能显示窗、预置键等构成。

卧式点钞机采用面出钞且连续分张,以每秒 15 张以上的速度对钞票进行清点、辨伪,通常还具有自动开停机、预置数、防双张、防粘张和防夹心等辅助功能。点钞机的工作原理是钞券通过下钞斗和捻钞轮,经过计数部分的光电管由计数器将光电信息转化到液晶显示器中显示出来,钞券通过传送带送到接钞台。现在使用的点钞机一般都具有防伪功能,通过光鉴、磁鉴、安全线解码、数码、光谱等技术可以在清点的过程中同时对纸币的磁性、安全线、荧光、幅面做到新旧版人民币的同时鉴别。

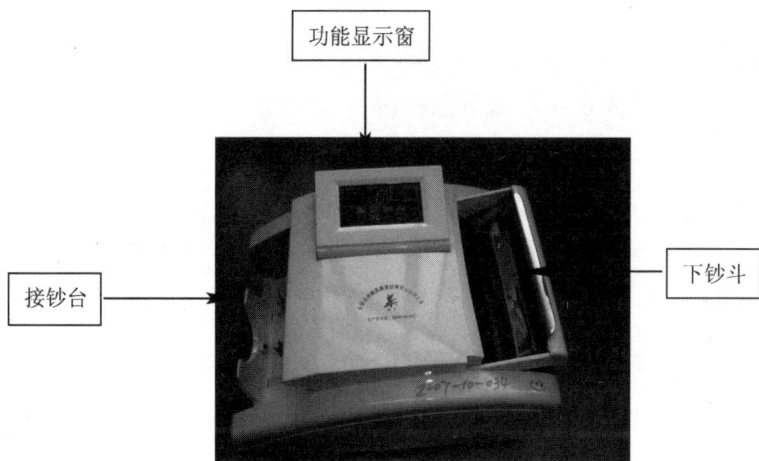

图 3.40

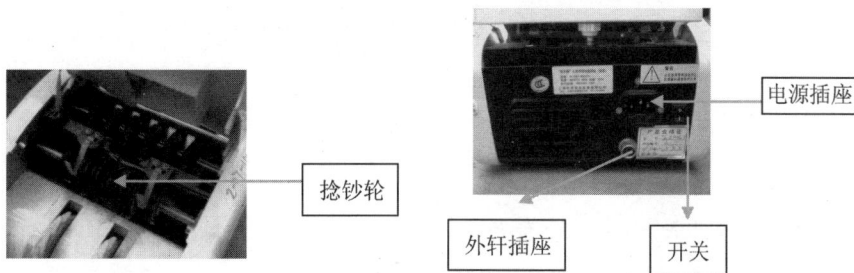

图 3.41　　　　　　　　图 3.42

气吸式点钞机

气吸式点钞机又被称为复点机。与一般的点钞机相比主要有以下两个特

点：一是清点速度非常快，可以达到每 4 秒 100 张；二是在清点的过程中不需要取下腰条，大大减少了整理、捆扎的工作。这种点钞机一般为立式，体积比较大。工作原理是利用气泵吸嘴的装动将钞券一张张地吸附起来，然后放开，通过光点器件进行计数。随着技术的进步，现在的气吸式点钞机功能越来越强大，可以实现复点（检查所计数的票据是否为百张）、计数（无论是否为 100 张，清点结束后，光钞板均会自动张开，显示器显示所点纸币张数）、预置（机器可按预先设置的数目点钞，当点算的钞票达到被预置的数量时，机器会自动停止，并显示所点当选值）、累加（分别与复点、计数和预置组合构成三种累加方式，使客户方便得出多次点钞之总数）等功能，并具备了一定的防伪功能。

图 3.43

高手经验

机器点钞前的准备

1. 开箱

对于新设备应先把随机配件取出，然后将点钞机安放在平稳的桌面上，检查机器外观有无变形、损坏，各部件接口、螺钉是否牢固。如果机器各部件完好，即可连接电源。

2. 试机

打开电源开关，计数显示屏为"0"，电机旋转 3 秒钟，表示电源接通，机器处于正常操作状态。如果需要连接外接显示器，可将外接显示器插带点钞机尾盖的外轩插座上。试机时，检察下钞是否准确、通畅、整齐。

3. 点钞物品摆放

机器调试结束后，将待点的钞票整齐摆放在点钞机右侧，按票面大小顺序排列，或从小到大，或从大到小。然后将印章、捆扎纸等用具按个人使用习惯摆放整齐,以保证点钞的连续性。

4. 剔除残币

为避免错检,点钞前应将以下纸币剔除:污渍严重的纸币、破损的纸币、修补过的纸币、洗涤过的纸币。

5. 选择功能

根据点钞的不同需要,选择相应的功能键。

机器点钞的操作程序

1. 持钞

右手执钞券,大拇指在前,中指、无名指和小指在后配合左手将钞券微微来回轻捻呈扇形。

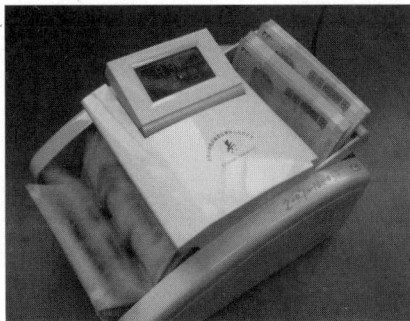

图　3.44　　　　　　　　　　　　图　3.45

2. 整点

将同面额的一叠钞券扇面朝上以一定的倾斜度放入下钞斗,不要用力。点钞机能自动完成点钞工作同时在点钞机的显示窗上会自动显示点钞的张数,而且一些点钞机可以通过功能设置键设置整点、鉴伪、混点等功能。待下钞斗中的钞券全部输送完后,计数器停止记数,钞券通过传送带到达接钞台。取出接钞台上的钞券,点钞机显示窗上的数字将自动清零,准备重新计数。

3. 复点

在非预置整点及累加整点状态下,当启动点钞机运转时,上次整点数据自动将计数显示窗移到预置显示窗;本次整点结束后将两次显示窗数据进行比较,即可达到复点目的。

4. 墩齐、扎把

复点完后,即可扎把。扎把时,左手拇指在上,其余四指在下,手掌向上把钞券从接钞台里取出。然后将钞票墩齐,按缠绕式或拧结式扎把。

5. 盖章

捆扎完成,点钞者要逐把盖好印章。钞票盖章要先轻后重,整齐、清晰。

6. 扫尾

每天机器用毕,应关掉电源,拔下插头,用毛刷清扫机内灰尘,然后用布盖好以防尘。

▌小组时间

1. 机器点钞的操作程序有哪几个步骤?

2. 练功券、真假纸币若干,以小组为单位,每组一台点钞机,每个学生至少操作3次,分3种情况练习:全部是真币的练习、真假币混合练习、练功券练习。

活动二 ▌ 机器点钞差错处理

▌任务目标

掌握点钞机的差错处理方法。

在使用点钞机的过程中,还要能对常见的点钞机的故障进行正确的认定和排除,才能提高使用点钞机进行点钞的工作效率。

🔍 高手经验

常见点钞机差错处理

1. 开机以后显示窗无显示

这种故障多数和电源有关。先查看电源插座是否有电,可以试着换一个插座。如果还是不行,可再检查机器的插座是否插好,并将插座插紧。

图 3.46

2. 点钞机出现计数不准

如因操作不熟练导致卡钞、出现紊乱时,应立即关闭电源开关;考虑是否由灰尘造成的,可以打开点钞机的盖板,并用软毛刷将灰尘清理一下。如果清理之后还不能正常使用,可能是易损元件使用寿命到期,可以通过更换易损元件来完成,换完以后再调整一下,一般就可以恢复正常。

机器点钞的注意事项

① 送钞是机器点钞的关键。送钞时右手要平稳,注意不可用力往下压钞券,要让钞券自动下滑。下钞时,点钞员眼睛要注意传送带上的钞券面额,看钞券中是否有其他票券、残损钞票、假钞等异常情况,同时观察数码的即时情况。

② 左手将清点无误的钞券从接钞台取出后,要检查点钞机周围有无掉张。

③ 清点无误的钞券墩齐、扎把时,眼睛应紧盯着点钞机上还在清点的其他钞券。扎好的钞券应放在点钞机的左侧。

3. 开机以后有故障提示符号

可以根据说明书对照相应的提示符号来解决相应的故障。

除了上述提到的故障情况以外，机器还可能出现其他故障。但无论出现什么情况，在点钞机发生故障时要养成一个习惯：及时检查点钞机里面是否有残留物，比如是否有纸币的碎角等东西挡住了机器的传感器，机器的可拆卸部分是否安装好等。排除上述原因后，较安全可靠的办法就是请厂家专业维修人员来维修，以使机器故障尽早得到彻底解决。

▌ 小组时间

1. 简述点钞机的差错处理方法。

2. 练功券、真假纸币若干，以小组为单位，每组一台点钞机，每个学生练习点钞机的差错处理操作。

▌ 实训与练习

1. 点钞机的使用方法和维护。

2. 机器点钞需要注意的问题有哪些？

3. 准备 5 把练功券，每把 100 张，反复清点无误，并编上序号①②③④⑤，在编好序号的 5 把练功券中随机挑出 2 把，随机抽出或增加若干张，重新捆扎好。请学生用点钞机清点，并写下差错把号码和差错数。

任务三　行动起来打击假币犯罪

活动一 ▌ 细说人民币——让我们认识人民币

▌ 任务目标

一、了解第五套人民币的类型和特点。

二、掌握第五套人民币的种类及防伪特征。

随着科学技术水平的发展,人民币的防伪技术得到了长足的进步,但是随着经济的发展,社会上伪造、使用假人民币的现象时有发生。因此,人民币的反假工作任重而道远。提高公民的货币反假意识意义十分重大。

根据《中华人民共和国第 268 号国务院令》,中国人民银行于 1999 年 10 月 1 日在全国发行了第五套人民币,被称为 1999 年版第五套人民币。随着反假技术要求的进一步提高,中国人民银行又于 2005 年 8 月 31 日对第五套人民币进行了一定的改版,被称为 2005 年版第五套人民币。

知识锦囊

人民币概述

按照法律规定,人民币的主币单位为"元",人民币辅币单位为"角"和"分"。人民币简写符号为¥,人民币国际货币符号为 CNY。人民币没有规定法定含金量,它执行价值尺度、流通手段、支付手段等职能。

目前,市场上流通的人民币共有 13 种券别,分别为 1 分、2 分、5 分、1 角、2 角、5 角、1 元、2 元、5 元、10 元、20 元、50 元、100 元。形成主辅币三步进位制,即 1 元＝10 角＝100 分。人民币按照材料的自然属性,分为金属币(亦称硬币)、纸币(亦称钞票)两种。无论纸币、硬币均等价流通。

第五套人民币的类型和特点

第五套人民币共 8 种面额:100 元、50 元、20 元、10 元、5 元、1 元、5 角、1 角。

表一　第五套人民币纸币一览表

券别	正　　面	背　　面	主色调	发行时间
100 元纸币	毛泽东头像	人民大会堂	红色	1999 年 10 月 1 日及 2005 年 8 月 31 日
50 元纸币	毛泽东头像	布达拉宫	绿色	2001 年 9 月 1 日及 2005 年 8 月 31 日

（续表）

券别	正面	背面	主色调	发行时间
20 元纸币	毛泽东头像	桂林山水	棕色	2000 年 10 月 16 日及 2005 年 8 月 31 日
10 元纸币	毛泽东头像	长江三峡	蓝黑色	2001 年 9 月 1 日及 2005 年 8 月 31 日
5 元纸币	毛泽东头像	泰山	紫色	2001 年 11 月 18 日及 2005 年 8 月 31 日
1 元纸币	毛泽东头像	西湖	橄榄绿色	2004 年 7 月 30 日

表二　第五套人民币硬币一览表

券别	正面	背面	材质及主色调	直径	发行时间
1 元硬币	行名、面额、拼音、发行年号	菊花	钢芯镀镍，银色	25 mm	2000 年 10 月 16 日
5 角硬币	行名、面额、拼音、发行年号	荷花	钢芯镀铜合金，金色	20.5 mm	2002 年 11 月 18 日
1 角硬币	行名、面额、拼音、发行年号	兰花	铝合金，白色	19 mm	2000 年 10 月 16 日及 2005 年 8 月 31 日

第五套人民币的特点：在原材料工艺方面进行了改进，提高了纸张的综合质量和防伪性；固定水印立体感强、形象逼真；磁性微缩文字安全线、彩色纤维、无色荧光纤维等在纸张中有机运用，并且采用了电脑辅助设计手工雕刻、电子雕刻和晒斑腐蚀相结合的综合制版技术；特别是在二线和三线防伪方面采用了国际通用的防伪措施，为专业人员和研究人员鉴别真伪提供了条件。第五套人民币的防伪技术便于群众识别，在防伪性能和适应货币处理现代化方面有较大提高。

人民币的一般防伪措施

第五套人民币应用了多种先进的防伪技术，到底有哪些呢？让我们一起来认识一下：

1. 印刷技术防伪

钞票在印钞技术上主要有凹版印刷、平版印刷和凸版印刷。凹版印刷是指在印版上刻槽,注入油墨,在高温高压下将油墨压印到纸上,这样凹印的墨迹凸出纸面,有很强的立体感。平版印刷也称为胶印,印纹与纸面同为一体。凸版印刷的印纹的边缘有压痕和油墨受压堆积的现象,凸印主要用于印刷钞票的序列号码。

2. 纸张防伪

纸张是印制钞券的主要材料。一般来说,印钞专用纸张的主要原材料是棉、麻纤维和高质量的木浆,在制作过程中不加任何增白剂,因而钞票纸本身没有荧光反应。并且在制作过程中可以在纸张中设置水印(固定部位水印、白水印、满版水印等)、安全线(金属安全线、微缩文字安全线、开窗式安全线等)和彩色纤维等。

3. 油墨技术

印制人民币所采用的油墨都是一些特殊的油墨。这些特殊油墨主要有有色荧光油墨、无色荧光油墨、磁性油墨、光变油墨和隐形面额数字等。其中有色荧光油墨在普通光线下看是钞票油墨的本来颜色,但在紫外光照射下会发出特殊的荧光。无色荧光油墨印刷图案在普通光下是看不见的,但在紫外光下会发出特殊的荧光。磁性油墨是指油墨中带有磁性物质,可用机器检测出来。隐形面额数字是指将钞票放在与眼睛平行的位置,如果进行一定的旋转后可以看见钞票面额的数字。

4. 图案防伪

图案防伪主要采用线描图案、防复印图案和对印等几项工艺。其中线描图案是指钞票的图案是由交叉或平行的线和点构成的,即使是颜色最深的部分也是由大量浓密的线条构成,亮的部分是由虚线和小点组成,钞票上的彩色都是专色,没有电子分色合成。防复印图案是指钞票上特别的图案色彩模式,当复印机复印该钞票时防复印图案会发生变形或变黑。对印一般采用正背面同时印刷,迎光透视钞票正背面同一部位的局部图案互补组成一个完整的图案,不会发生错位的现象。

高手经验

观察入微——认识第五套人民币

认识第五套人民币 100 元票面(1999、2005 年版)

2005 年版人民币 100 元正面

2005 年版人民币 100 元背面

图 3.47

票面特点是主色调为红色,票幅长 155 mm、宽 77 mm。票面正面主景为毛泽东头像,左侧为"中国人民银行"行名、阿拉伯数字"100"、面额"壹佰圆"和椭圆形花卉图案。票面左上角为中华人民共和国"国徽"图案,票面右下角为盲文面额标记,票面正面印有双色异形横号码。票面背面主景为"人民大会堂"图案,左侧为人民大会堂内圆柱图案。票面右上方为"中国人民银行"的汉语拼音字母和蒙、藏、维、壮四种民族文字的"中国人民银行"字样和面额。

(一) 第五套人民币 1999 年版(100 元)的防伪特征分析

(1) 固定人像水印:位于正面左侧空白处,迎光透视,可以看到与主景人像相同、立体感很强的毛泽东头像水印。

(2) 红、蓝色彩色纤维:票面上可以看到纸张中有不规则分布的红色和蓝色纤维。

(3) 磁性微缩文字安全线:钞票纸张中的安全线,迎光透视,可以看到微缩文字"RMB100"字样,仪器检测有磁性。

(4) 手工雕刻头像:正面主景毛泽东头像,采用手工雕刻凹版印刷工艺,形象逼真、传神,凹凸感强,易于识别。

(5) 隐形面额数字:正面右上方有一装饰图案,将钞票置于与眼睛接近平行的位置,面对光源作平面旋转 45 度或 90 度角,即可看到面额数字"100"字样。

(6) 胶印微缩文字:正面上方图案中,多处印有胶印微缩文字"RMB100"、"RMB"字样。

(7) 光变油墨面额数字:正面左下方有面额数字"100"字样,从票面垂直角度观察为绿色,倾斜一定角度观察则变为蓝色。

(8) 阴阳互补对印图案:正面左下角和背面右下角均有一圆形局部图案,迎光透视,可以看到正背面图案合并组成一个完整的古钱币图案。

(9) 雕刻凹版印刷:正面主景毛泽东头像、"中国人民银行"行名、面额数字、盲文面额标记及背面主景"人民大会堂"图案等均采用雕刻凹版印刷,用手指触摸有明显凹凸感。

(10) 横竖双号码:正面采用横竖双号码印刷,横号码为黑色,竖号码为蓝色。

(二) 第五套人民币 2005 年版(100 元)的防伪特征分析

(1) 固定人像水印:位于正面左侧空白处,迎光透视,可以看到与主景人像相同、立体感很强的毛泽东头像水印。

(2) 白水印:位于正面双色异形横号码下方,迎光透视,可以看到透光性很强的水印"100"字样。

荧光图案

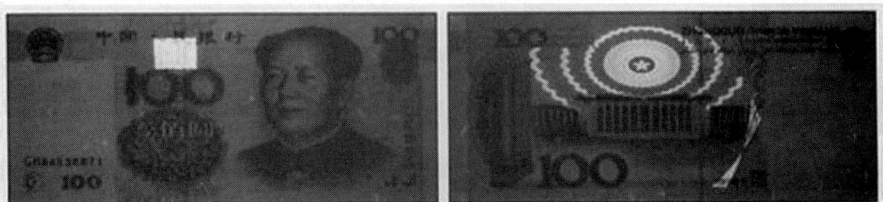

正面：在特定波长的紫外光下，可看到纸张中不规则分布的黄色和蓝色荧光纤
维，以及采用无色荧光油墨印刷的面额数字"100"字样的图案。

背面：采用有色荧光油墨印刷的浅红色椭圆形胶印图纹，在特定波长的紫外光下
显现橘黄色荧光图案。

红外光图案

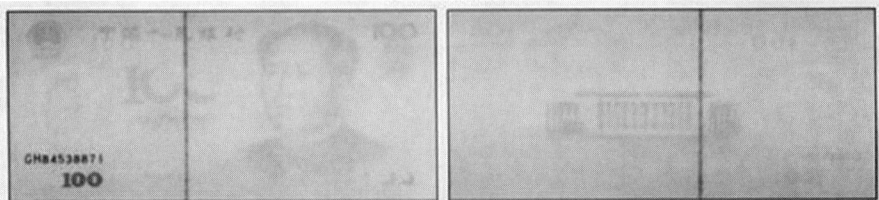

凹版印刷部分

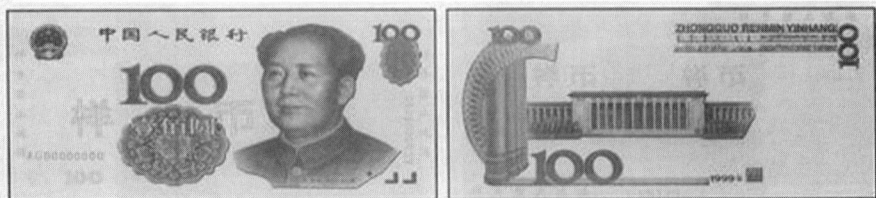

图中突出显示的部分为正面和背面的凹版印刷部分。

图 3.48　1999 年版第五套人民币壹佰元防伪特征

　　（3）全息磁性开窗安全线：背面中间偏右，有一条开窗安全线，开窗部分可
以看到由微缩字符"￥100"组成的全息图像。仪器检测有磁性（开窗安全线是
指一部分埋入纸张中，另一部分裸露在纸面上的一种安全线）。

　　（4）手工雕刻头像：正面主景毛泽东头像，采用手工雕刻凹版印刷工艺，形
象逼真、传神，凹凸感强，易于识别。

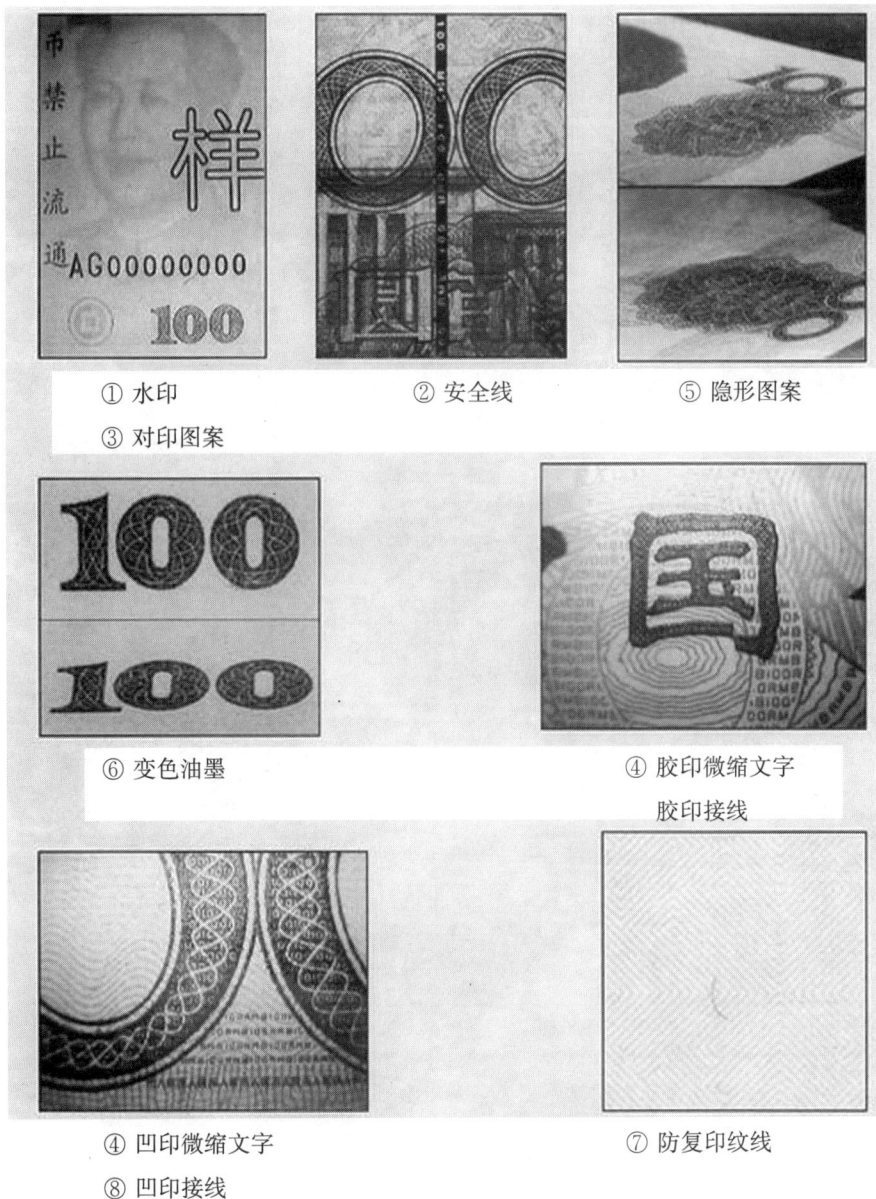

① 水印   ② 安全线   ⑤ 隐形图案

③ 对印图案

⑥ 变色油墨   ④ 胶印微缩文字

胶印接线

④ 凹印微缩文字   ⑦ 防复印纹线

⑧ 凹印接线

图 3.49   1999 年版第五套人民币壹佰元防伪特征

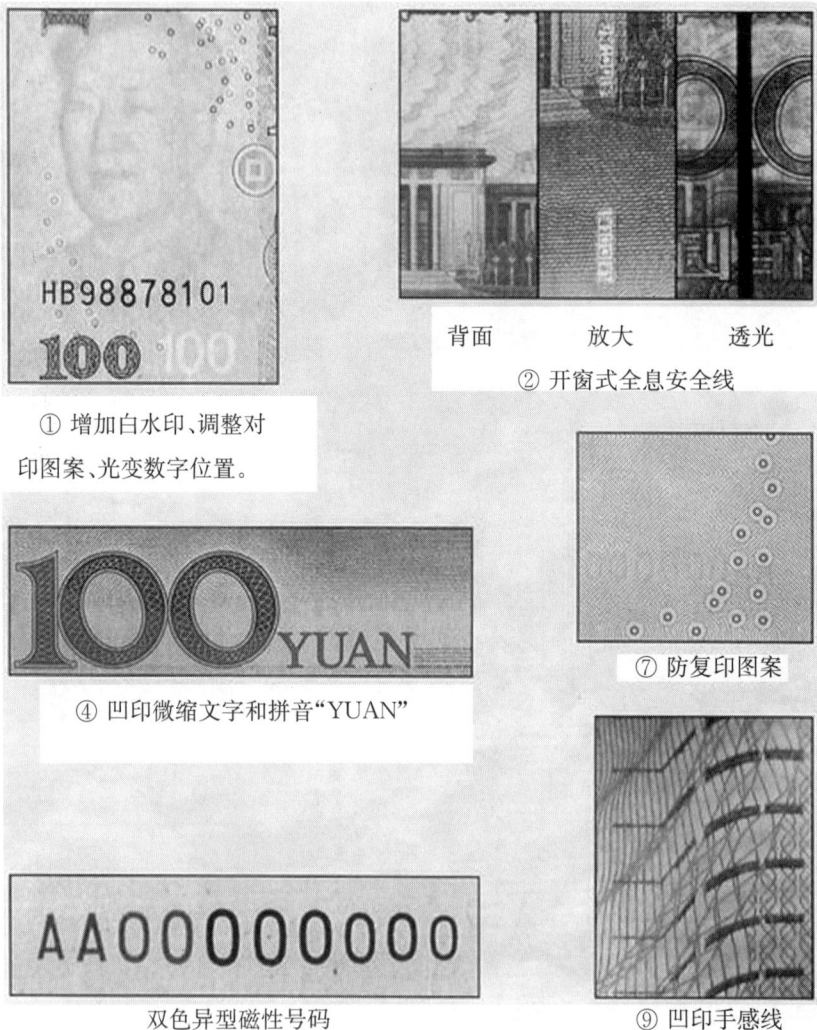

① 增加白水印、调整对
印图案、光变数字位置。

背面　　放大　　透光
② 开窗式全息安全线

④ 凹印微缩文字和拼音"YUAN"

⑦ 防复印图案

双色异型磁性号码

⑨ 凹印手感线

注：与 1999 年版第五套人民币壹佰元券相比增加或调整的防伪措施、
2005 年版人民币取消了纸张中的红蓝彩色纤维。

图 3.50　2005 年版第五套人民币壹佰元防伪特征

（5）隐形面额数字：正面右上方有一装饰图案，将钞票置于与眼睛接近平行的位置，面对光源作上下倾斜晃动，即可看到面额数字"100"字样。

（6）胶印微缩文字：正面上方图案中，多处印有胶印微缩文字"RMB100"、"RMB"字样。

（7）光变油墨面额数字：正面左下方有面额数字"100"字样，从票面垂直角度观察为绿色，倾斜一定角度观察则变为蓝色。

（8）胶印对印图案：正面左侧和背面右侧胶印底纹处均有一圆形局部图案，迎光透视，可以看到正背面图案合并组成一个完整的古钱币图案。

（9）雕刻凹版印刷：正面主景毛泽东头像、"中国人民银行"行名、面额数字、盲文面额标记及背面主景"人民大会堂"图案等均采用雕刻凹版印刷，用手指触摸有明显凹凸感。背面主景图案下方的面额数字后面，增加人民币单位元的汉语拼音"YUAN"；年号为"2005年"。

（10）双色异形横号码：正面印有双色异形横号码，左侧部分为红色，右侧部分为黑色。字形由中间向左右两边逐渐变小。

（11）凹印手感线：正面主景图案右侧，有一组自上而下规则排列的线纹，采用雕刻凹版印刷工艺印制，用手指触摸，有极强的凹凸感。

小组时间

一、单项选择题

1. 人民币是指中国人民银行依法发行的货币，包括（　　　）。

A. 纸币和硬币

B. 主币和辅币

C. 流通币和退出流通币

2.《中华人民共和国中国人民银行法》明确规定：人民币由（　　　）统一发行。

A. 中华人民共和国　　　B. 国务院　　　　　　　C. 中国人民银行

3. 第五套人民币采用无色荧光油墨印制的面额数字可供机读，该图案印制在（　　　）。

A. 钞票正面行名下方

B. 背面主景图案

C. 正面右上角团花图案处

4. 第五套人民币 100 元纸币正面主景是（　　），背面主景是（　　）图案。

A. 毛泽东头像,人民大会堂

B. 毛泽东头像,桂林山水

C. 毛泽东头像,布达拉宫

5. 第五套人民币 100 元纸币上的隐形面额数字的观察方法是（　　）。

A. 将票面置于紫外光下

B. 将票面对光源作平行旋转 45°或 90°

C. 将钞票置于与眼睛接近平行的位置,面对光源作 45°或 90°旋转

6. 第五套人民币 1999 年版 100 元纸币安全线上的微缩文字是（　　）。

A. 100　　　　　　　　B. RMB　　　　　　　　C. RMB100

7. 第五套人民币 1999 年版 100 元纸币的冠字号码颜色是（　　）。

A. 红色、蓝色　　　　　B. 蓝色、黑色　　　　　C. 暗红色、蓝色

8. 第五套人民币 1999 年版的钞票纸张中有两种有色纤维,这些纤维颜色是（　　）。

A. 红色和蓝色　　　　　B. 红色和绿色　　　　　C. 黑色和红色

9. 第五套人民币面额纸币的盲文面额标记均在（　　）。

A. 正面右下方　　　　　B. 正面右上方　　　　　C. 正面左下方

10. 第五套人民币 2005 年版纸币取消了纸张中的（　　）。

A. 固定人像水印

B. 光变油墨面额数字

C. 红、蓝色纤维

二、填图题

如图所示,以第五套人民币 2005 年版 100 元为例,在括号内写出各防伪特征。

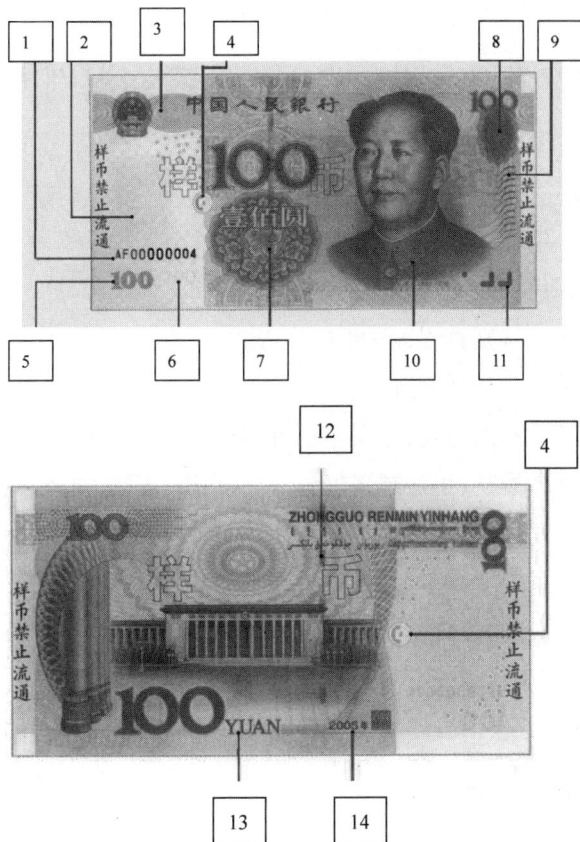

图　3.51

1. （　　　　　　）　2. （　　　　　　　　）

3. （　　　　　　）　4. （　　　　　　　　）

5. （　　　　　　）　6. （　　　　　　　　）

7. （　　　　　　）　8. （　　　　　　　　）

9. （　　　　　　）　10. （　　　　　　　　）

11. （　　　　　　）　12. （　　　　　　　　）

13. （　　　　　　）　14. （　　　　　　　　）

三、操作题

　　请学生准备第五套人民币 50 元、20 元、10 元券各一张,根据第五套人民币的类型,分别写出 50 元、20 元、10 元券的防伪特征。

活动二 ▌ 看、听、摸、验——让我们识别人民币真伪

▌任务目标

一、了解人民币假钞的种类及辨别方法。

二、掌握人工鉴别真假人民币的方法。

三、掌握假币的处理方法。

纵观人民币发行的历史,与假币的斗争一直没有停止过。近年来,犯罪分子的制假水平不断提高,手法越来越先进,从涂改、拓印、拼凑到手工油印、彩色复印、套色胶印,手段层出不穷。从人民币假币的情况分析,没有一项公众防伪措施在造假者的手中得以幸免,但是绝大部分的假币质量一般,只要稍加留意就能识别。任何时候,公众都应当通过检查多项防伪措施来确定钞票的真伪。今天,我们就一起来认识一下人民币假币的主要类型和特征,以及辨识假币的各种方法。

知识锦囊

假 币 的 分 类

假币的种类形形色色,造假效果千差万别,按其制作方法大体可分为伪造货币和变造货币两大类型。

1. 伪造货币的分类

伪造货币:是指按照真币的图案、形状、色彩等,采用各种手段制作的假币。根据伪造方法的不同,可以分为机制假币、复印假币、拓印假币、手工描绘假币、手工刻印假币、照相假币等类型。

(1) 机制假币

仿造真币原样重新制版后采用机器印刷的假币。纸张韧性差、无弹性,纸张内无水印图案,水印用浅色油墨加盖在纸面且模糊不清;底纹浅,呈网状结

构;连线出现断裂或重叠,主景图案层次不丰富;在紫外光下呈荧光反应;安全线用黄色油墨加印在纸面上。

图 3.52　机制 100 元假币

（2）复印假币

采用复印设备伪造的假币,一般可分为黑白复印套色和彩色复印两种。该种假币纸质弹性差,手感光滑;线条呈点状结构;正背面出现色差,正面人像偏红或偏黄色;水印是用白色油墨加盖在背面;紫外光下有强烈荧光反应;冠字号码是加印而成等。

（3）拓印假币

以真币为母本脱色派生的假币。纸质较差,无挺度,正、背两面各为一薄纸,然后将两张薄纸黏合在一起,形成一张假币。这类假币的油墨在纸张反面,因此表面十分光滑,图案朦胧、墨色偏淡。

（4）手工描绘假币

用美术绘画的方法,以真币为摹本画出的假币。这类假币图纹形状不规则、线条粗细不均、色牢度差;人像、图案等失真度较大;水印多为手工描绘;在

图 3.53　第四套 100 元券彩色复印假币

图 3.54　1980 年版 100 元券拓印假币

图 3.55　1960 年版手工描绘 2 元券假币

紫外光下有荧光反应。

（5）手工刻版假币

采用石板、木板或蜡板作为制板原料，采取手工刻制印版，在简易的印刷设备上印制的假币。这类假币纸质无弹性，由正反两面黏合而成；水印手工描绘，失真度大；油墨无光泽，色彩暗淡；在紫外光下有荧光反应。

图 3.56　1960 年版石刻 5 元券假币

（6）照相假币

采用相纸作钞纸，利用照相设备拍摄、冲印制成的假币。纸面较光滑，纸质无弹性；人像、图案无立体感；无底纹线，墨色有色差；水印手工描绘，失真度较

大;纸幅比真币略小。

图 3.57　1980 年版照相 50 元券假币

（7）铸造假币

此类假币的特点是表面色泽发白发闷,没有金属光泽,图文清晰度不如真币,边缘由于铸造毛边而有修饰的痕迹,直径一般小于真币,浇铸打磨痕迹明显。

图 3.58　采用铸造手段制作的假硬币

图 3.59　采用压印手段制作的假硬币

2. 变造货币的分类

变造货币:是指在真币的基础上,利用挖补、揭层、涂改、拼凑、移位、重印等多种方法制作,改变真币原形态的假币。根据变造手法的不同,可以分为剪贴变造币、涂改变造币、揭页变造币、重印变造币等类型。

(1) 剪贴变造币

使用多张真钞通过挖补、拼出数张假币,以达到混淆、混用,从中非法获利目的的假币。拼凑出的钞票花纹不衔接,背面有纸条或叠压粘贴痕迹。

图 3.60　1999 年版 100 元变造币(正面)

图 3.61　1999 年版 100 元变造币(反面)

(2) 揭页变造币

经过处理将真钞揭开为正、背面 2 张,再贴上其他纸张,折叠混用,以达到非法获利目的而制成的假币。这种变造币一面真、一面假,正背粘合痕迹明显,纸张略厚,正背对印图案不能重合。

高手经验

火眼金睛辨真伪——鉴别人民币的方法

1. 观察水印

真币的水印是由雕刻模板压制专用网笼,在纸张抄造过程中形成的,层次清晰,形象生动,具有较强的立体感。假币的水印造假方法主要有两种:一种是印刷水印,采用浅色油墨将水印图案印在纸张的正面或背面,图案模糊、没有层次。另一种是夹层水印,在正、背夹层中水印窗位置夹一张印有水印图案的纸,迎光观察,水印窗部分颜色较暗,用手触摸,水印处纸张偏厚。

图 3.62　第五套人民币 100 元、20 元真假水印对比图

2. 检查安全线

安全线采用专用设备、特种工艺加工而成,在纸张抄造过程中施放并与纸张结合为一体,在第五套人民币纸币的安全线微缩文字清晰、完整,用特种仪器检测有磁性。假安全线主要有四种类型:第一种是正反面印刷一条灰色或黑色条带,微缩文字模糊、无磁性。第二种是两层纸张中间夹印有文字的塑料线,无磁性。第三种是采用银灰色油墨印制在两层纸内侧,文字模糊、无磁性。第四种是仿开窗安全线,开窗部分用手工将塑料线两头穿入纸张夹层,仔细观察,可以看到纸张表面被裁开的裂口。

3. 观察安全纤维

人民币中的有色纤维、无色荧光纤维是在纸张抄造过程中加入的,与纸张结合为一体,是随机分布的。有色纤维、无色荧光纤维造假主要有两种情况:一是采用电脑制版,普通胶印(网点)印刷。二是采用电脑制版,专色胶印(线条)

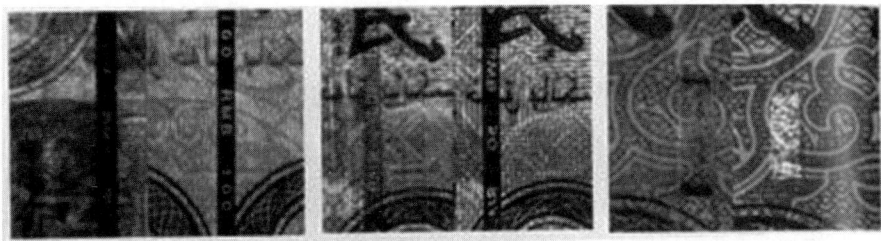

图 3.63 第五套人民币 100 元、50 元券真假安全线对比

印刷。荧光颜色、亮度与真钞有明显区别,真钞纸张表面的有色纤维、无色荧光纤维可以用针挑出,而假钞则不可能挑出来。

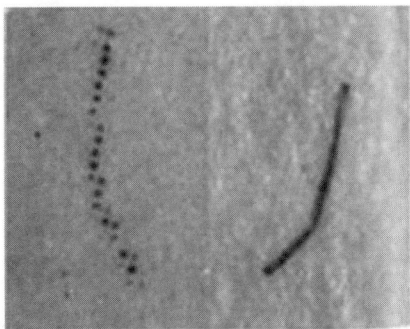

图 3.64 真假有色纤维的对比

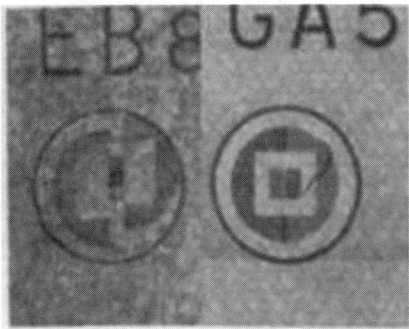

图 3.65 真假对印图案的对比

4. 观察对印图案

真币的对印图案采用正背一次印刷,举起手中的钞票透光观察,可以发现,真币的正背对印图案可以完整地重合,组成一个古钱币图案。由于印刷工艺的不同,假币的对印图案错位现象明显。

5. 观察隐形面额数字

真币的隐形面额数字采用雕刻凹版印刷,凸起的墨纹在光线下产生折射效果,因此隐形面额数字俯视不可见,正对光源上下晃动或举到眼睛平视的高度转动 45 度可以观察到。假币直接将面额数字胶印在相应位置,任何角度观察都可以看到,没有隐形效果。

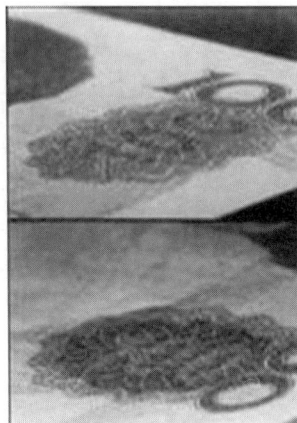

图 3.66

图 3.67

6. 观察光变油墨面额数字

第五套人民币 100 元、50 元券采用了凹印光变油墨面额数字,既有凹印的手感,又有绿—蓝或金—绿的变色效果。假币有的采用单色油墨胶印,无凹凸、不变色;有的用珠光油墨,金属光泽有模仿制,有明暗变化,无变色效果。

7. 触摸凹印图文部分

真币多处采用凹版印刷,如银行名、面额、人像衣领、盲文标记、凹印手感线等部位有明显的凹凸感。假币基本采用平版胶印,表面光滑无凹凸感,为仿造凹凸手感,造假者在假钞

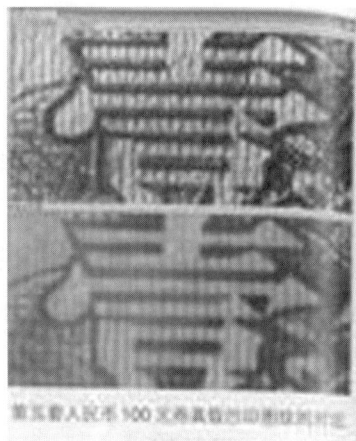

图 3.68

背面相应位置,用工具压出凹痕,企图以假乱真,但是观察背面就可以发现錾压的痕迹。

8. 用放大镜观察图纹

真币的图纹是采用专用印版、专用油墨、专用胶、凹、凸印刷而成,线条清晰、精细。假币大多数采用四色网点印刷,线纹是由红、黄、蓝、黑网点组成,也有少量采用矢量专色印刷,但印刷精度与真币相差甚远。

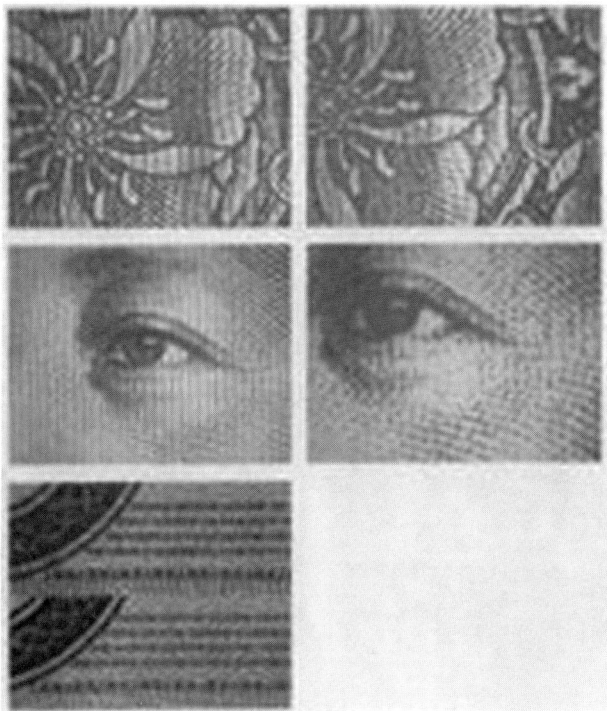

图 3.69　第五套人民币 100 元券真假凹印图纹的对比

9. 用红外、紫外光灯检查荧光反应

　　真币的纸张是采用特种原材料由专用抄造设备抄制而成,纸质挺括,无荧光增白剂,纸张在紫外光下发暗,而荧光油墨印刷的图案和面额数字发亮。假钞大多数采用民用纸张,纸张成分以木浆、草浆为主,造纸过程中添加了增白剂,在紫外灯下有强烈荧光反应,仿制的荧光油墨印刷图文与真币相比有明显色差。

10. 用磁性传感器检查磁性

　　真币的号码、安全线等部位有磁性,可供点钞和验钞设备读取,而假币大多数没有磁性,或者印刷完成后用磁性溶液滴在上述部位仿造磁性特征,但其磁图像形状、磁通量与真币不同,用磁性检测仪器可以进行检测。

　　真钞安全线是在抄纸过程中预埋的。无(磁性)安全线的假币在钞纸中无预埋安全线,只是在安全线处有仿深色的印记,利用磁性安全线检测技术很容

易识别。

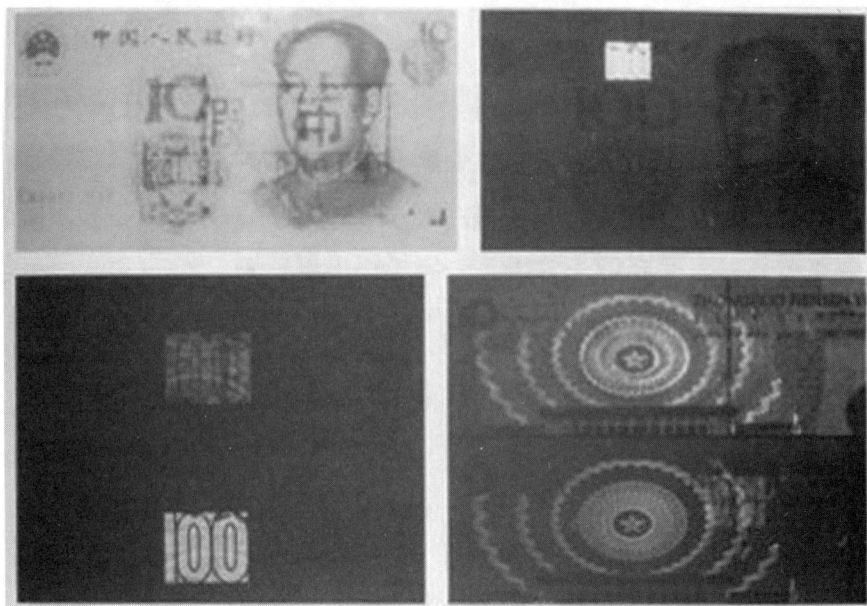

图　3.70

真币　　　　　　　　　假币

真假冠字号码对比

图　3.71

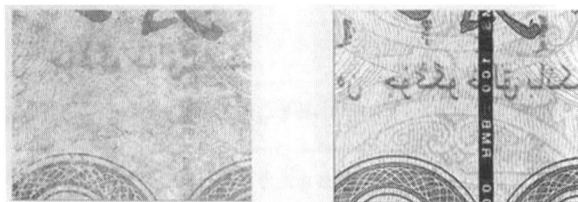

假币安全线　　　　　　　　真币安全线

图　3.72

在人民币防伪工作中,我们通常可以采用看、听、摸、验的方法来对真、假币进行鉴别。

看:看钞票的固定水印和白水印是否清晰,有无浮雕感;看手工雕刻的头像线条是否清晰均匀;看胶印对印的图案是否正反面能对拢;看光变油墨在转换角度时颜色是否发生变化;看是否有隐形面额数字。

听:用手抖动钞票时会感到钞票很挺括并有非常清脆的声音。

摸:摸纸张的厚薄和挺括程度;摸凹印手感线是否有突起感;摸盲文面额标记是否有凹凸感。

验:用高倍放大镜检验胶印微缩文字,文字内容清晰可见;用紫外线灯验钞票的纸张除了该钞票采用荧光油墨的部分应该没有荧光反应;用磁性触头检验磁性油墨部分、全息磁性开窗安全线会有磁性反应。

金融机构发现假币的处理

1. 由该金融机构两名以上业务人员当面予以收缴。

2. 对假人民币纸币,应当面加盖"假币"字样的戳记。

3. 对假外币纸币及各种假硬币,应当面以统一格式的专用袋加封,封口处加盖"假币"字样戳记,并在专用袋上标明币种、券别、面额、张(枚)数、冠字号码、收缴人、复核人名单等细项。

4. 收缴假币的金融机构向持有人出具中国人民银行统一印制的假币收缴凭证,并告知持有人如对被收缴的货币真伪有异议,可向中国人民银行当地分支机构或中国人民银行授权的当地鉴定机构申请鉴定。

图 3.73

5. 收缴的假币不得再交予持有人。

警惕利用自动取款机
进行假币诈骗

2009 年 3 月，某犯罪团伙瞄上了在校大学生。他们以收购二手手机为名，将交易地点选择在银行网点附近，然后谎称自己现金不够需要取钱，他们假装在自动取款机(ATM)上操作一下，然后将早已准备好的假币递给对方。大学生误以为钱是刚从自动取款机(ATM)里取出来的，自然放松警惕，交易之后才发现钱是假的。经审讯得知，该团伙自 2006 年以来涉嫌使用假币近 4 万元，向 20 多名受害人购买手机等物品后，再倒卖牟利，其中被骗的在校大学生达 14 名。

小组时间

一、实际操作题

向人民银行申请几张第五套人民币的不同面额的假币，将其与真币混在一起，让学生鉴别真假钞，并让学生说出是通过什么方法鉴别出来的，并分析假币的主要特征。

二、简答题

1. 请说出假币的分类。

2. 柜员小李为黄先生办理存款业务，发现其中 1 张 100 元纸币像假币，他将假币交给储蓄主管，储蓄主管将这张 100 元纸币拿到二楼办公室和同事仔细辨别后，确认是假币，于是盖上假币章，并开具了假币没收凭证，盖好章，回到柜台将凭证交给黄先生。黄先生悻悻离去。请指出案例中柜员小李的操作是否符合假币收缴程序，为什么？

活动三 ▌ 港币真伪的识别

任务目标

一、了解港币的防伪特征。

二、掌握鉴别港币的方法。

知识锦囊

港 币 防 伪

现行流通的港元纸币主要是由香港上海汇丰银行、香港渣打银行和中国银行三家银行发行的。

(一)认识香港上海汇丰银行港元纸币

由香港上海汇丰银行发行的钞票,面额有 1000 元、500 元、100 元、50 元、20 元港币五种面额。现在流通的港币主要是 1993 年发行的钞票和 2000 年发行的新版 1000 元港币钞票,以及 2004 年新版 1000 元、50 元、20 元港币。

汇丰银行港元纸币的防伪特征:

1. 水印

所有票面正面右侧有狮头水印图案。2000 版 1000 元港币在石狮图案上方增加了"1000"字样白水印。2004 版港币的水印将现在的狮头变为汇丰香港总行大厦。

2. 纤维

新港币在纸张中增加荧光纤维,在紫外光照射下呈现红、蓝、绿的荧光色。

3. 安全线

票面采用了全埋深色安全线,新版港币还在票面正面右侧增加了一条全息开窗文字安全线。

4. 印刷

票面正背面主景、行名、面额数字等均采用凹版印刷,用手触摸有明显的凹凸感。票面正背面多处印有凹印缩微文字"THE HONG KONG AND SHANG HAI BANKING CORPORATION LIMITED"字样。票面正面右侧及背面左侧花边均有一圆形局部图案,迎光透视,可见正背面组成了一个完整的图案。票面正面左下和右侧分别印有横竖异形号码。该号码的特点是数字逐渐增大。

5. 隐形字

在票面正面右下角的长方形图案中印有隐形面额数字。将票面置于与视线接近平行位置,面对光源,旋转钞票可见该面额钞票的面额数字。

(二)认识香港渣打银行港元纸币

由香港渣打银行发行的钞票面额有 1000 元、500 元、100 元、50 元、20 元、10 元港币六种面额。现在流通的港币主要是 1993 年发行的钞票和 2001 年发行的新版 1000 元港币钞票,以及 2004 年新版 1000 元、50 元、20 元港币。

渣打银行港元纸币的防伪特征:

1. 水印

票面正面右侧有古罗马军人头像水印及字母"SCB"白水印。新版港币的白水印由"SCB"改为相应的面额数字。

2. 纤维

新港币在纸张中增加荧光纤维,在紫外光照射下呈现红、蓝、绿的荧光色。

3. 安全线

票面采用了全埋深色安全线,新版港币还在票面正面右侧增加了一条全息开窗文字安全线。

4. 印刷

票面正背面主景、行名、面额数字等均采用凹版印刷,用手触摸有明显的凹凸感。票面正面右侧边框外印有凹印缩微文字"STANDARD CHARTERED BANK"字样。票面正面右侧及背面左侧均有一圆形局部图案,荧光透视,可见正背面图案组成了一个完整的圆形图案。

5. 油墨

在紫外光下,票面正面会出现明亮的荧光图案。有色荧光图案:在紫外光下,背面局部会出现明显的荧光反应。

（三）认识中国银行港元纸币

由中国银行发行钞票面额有 1000 元、500 元、100 元、50 元、20 元港币五种面额。现在流通的港币主要是 1994 年、1996 年发行的钞票和 2001 年发行的新版 1000 元港币钞票，以及 2004 年新版 1000 元、50 元、20 元港币。

中国银行港元纸币的防伪特征：

1. 水印

票面正面右侧有石狮水印图案。港币在石狮图案上方增加相应面额数字的白水印。

2. 纤维

新港币在纸张中增加荧光纤维，在紫外光照射下呈现红、蓝、绿的荧光色。

3. 安全线

票面采用了全埋深色安全线，新版港币还在票面正面右侧增加了一条全息开窗文字安全线。

4. 印刷

票面正背面主景、行名、面额数字等均采用了凹版印刷，用手触摸有明显的凹凸感。票面正背面边框上方印有凹印缩微文字"BANK OF CHINA"字样。票面正面右侧及背面左侧花边中均有"中"字图案，迎光透视，可见正背面色块组成了一个"中"字。

5. 隐形字

在票面正面右下角的边框中印有隐形面额数字。将票面置于与视线接近的平行位置，面对光源，旋转钞票可见该面额钞票的面额数字。

6. 油墨

在紫外光下，票面正面会出现明亮的荧光图案。

小组时间

香港上海汇丰银行、香港渣打银行和香港中国银行发行的港币各有哪些防伪特征？

图 3.74

活动四 ┃ 环球"风情"——外币真伪的识别（欧美篇）

任务目标

一、了解美元、欧元、英镑的防伪特征。

二、掌握鉴别美元、欧元、英镑的方法。

我国主要收兑的外币有美元、欧元、英镑、日元，这些货币既有共同的防伪特征又有各自的专门防伪技术，我们主要是从纸张、印刷、油墨等技术方面，采用看、听、摸、测的方法掌握美元、欧元、英镑的防伪。

知识锦囊

美 元 防 伪

美元的发行权属于美国财政部，具体由美国联邦储备银行发行。美元的纸币面额主要有 100 元、50 元、20 元、10 元、5 元、2 元、1 元几种，铸币有 1 元、50 分、25 分、10 分、5 分、1 分几种。1 美元等于 100 美分。钞票尺寸不分面额，均为 15.6×6.6 厘米。

美元纸币的主要防伪特征为：

1. 纸张

美元纸币的纸张主要是由使用了 75％棉花和 25％亚麻混合材料经过特殊工艺制造而成。纸张坚韧、挺刮、耐用，在紫外线下无荧光反应。新钞用手拉动时声音清脆，旧钞不易起毛。

2. 彩色纤维

从 1880 年起，美钞纸张中加入了红、蓝彩色纤维丝。从 1885 年版到 1928 年版美钞的红、蓝纤维丝分布在钞票的正中间，由上至下形成两条狭长条带。1929 年版及以后各版中的彩色纤维丝则随机分布在整张钞票中。

3. 安全线

从 1990 年版起，纸张（人像左侧）加入了一条聚酯安全线，仰光透视可以看

见在安全线上有"USA"及面额数字。1996 年版 50 美元、20 美元安全线上还
增加了美国国旗图案。1996 年版美元的安全线还是荧光安全线,在紫外光下
呈现不同的颜色。

4. 油墨

1996 年版 100 美元、50 美元、20 美元、10 美元正面左下角面额数字是用光
变油墨印刷的,在与票面垂直角度观察时呈绿色,将钞票倾斜一定角度则变为
黑色。美元正面凹印油墨带有磁性,用磁性检测仪可检出磁性。

5. 印刷

美元正背面的人像、建筑、边框及面额数字等均采用雕刻凹版印刷。用手
触摸有明显的凹凸感。1996 年版美元的人像加大,形象也更生动。美元纸币
上的库印和冠字号码采用凸版印刷,在钞票背面的相应部位用手触摸可以感到
有凹凸感。1996 年版美元在正面人像的背景和背面建筑的背景采用细线设
计,该设计有很强的防复印效果。从 1990 年版起,在美元人像边缘中增加一条

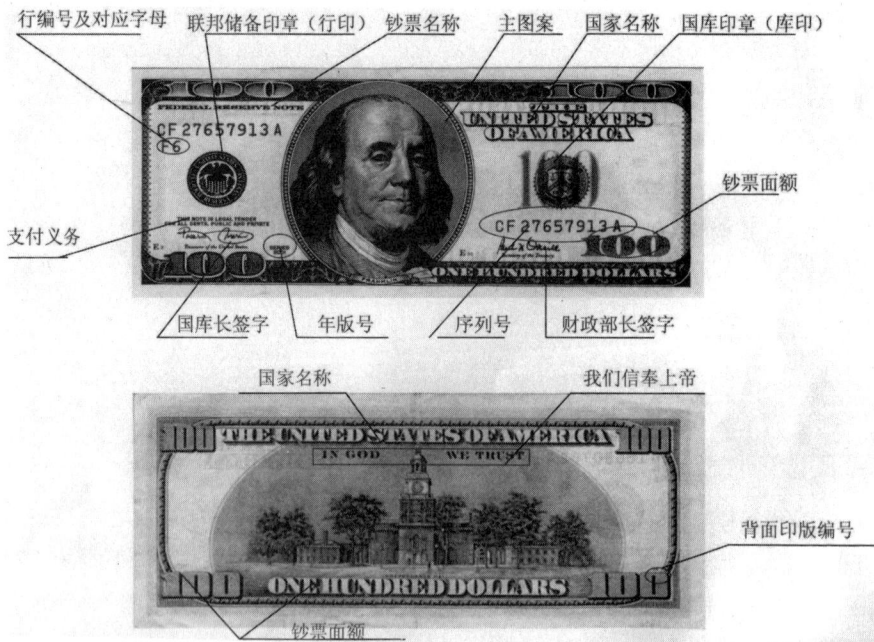

图 3.75

由凹印缩微文字组织的环线，缩微文字为"THE UNITED STATES OF AMERICA"。1996 年版 100 美元和 20 美元还分别在正面左下角面额数字中增加了"USA100"和"USA20"字样缩微文字，50 美元则在正面两侧花边中增加"FIFTY"字样的缩微文字。

表　各种面值美钞的正反面图案介绍

面值	头像	背面图案
100 美元	美国政治家富兰克林(FRANKLIN)	美国独立堂(INDEPENDENCE HALL)
50 美元	美国第 18 任总统格兰特(GRANT)	美国国会大厦
20 美元	美国第 7 任总统杰克逊(JACKSON)	美国白宫(WHITE HOUSE)
10 美元	美国首任财政部长汉密尔顿	美国财政部
5 美元	美国第 16 任总统林肯(LINKEN)	林肯纪念堂
2 美元	美国第 3 任总统杰弗逊	独立宣言图
1 美元	美国首任总统华盛顿(WASHINGTON)	左边联邦印，中间"ONE"，右边美国国徽

欧 元 防 伪

欧元(EURO)是欧元区内 12 个国家使用的统一货币。这 12 个国家分别是奥地利、比利时、德国、法国、爱尔兰、意大利、卢森堡、荷兰、葡萄牙、西班牙、芬兰、希腊。2002 年 1 月 1 日，欧元纸币和硬币正式进入流通领域。欧元由欧洲中央银行和欧元成员国的中央银行发行。欧元的纸币面额主要有 500 欧元、200 欧元、100 欧元、50 欧元、20 欧元、10 欧元、5 欧元七种，铸币有 2 欧元、1 欧元、50 欧分、20 欧分、10 欧分、5 欧分、2 欧分、1 欧分八种。

欧元纸币的主要防伪特征为：

1. 纸张

欧元的纸张采用的是纯绵纸，因此摸起来不像其他的纸币那样光滑挺括，而是比较有韧度。欧元纸币均采用了双水印，即与每一票面主景图案相同的门窗图案水印及面额数字白水印。

2. 纤维

欧元纸币中采用了无色荧光纤维，在紫外线的照射下呈现红、绿、蓝三种颜色的纤维丝。

3. 安全线

欧元纸币中有一条黑色安全线,安全线上印有欧元(EURO)和不同面额对应的数字。

4. 油墨

5、10、20 欧元背面中间用珠光油墨印刷了一个条带,不同角度下可出现不同的颜色,而且可看到欧元符号和面额数字。50、100、200、500 欧元背面右下角的面额数字是用光变油墨印刷的,将钞票倾斜一定角度,颜色由紫色变为橄榄绿色。有色荧光纤维印刷图案:在紫外光下,欧盟旗帜和欧洲中央银行行长签名的蓝色油墨变为绿色;12 颗星由黄色变为橙色;背面的地图和桥梁则全变为黄色。

5. 印刷

欧元纸币正背面左上角的不规则图形正好互补成面额数字,对接准确,无错位。欧元纸币正面的面额数字、门窗图案、欧洲中央银行缩写及 200、500 欧元的盲文标记均采用雕刻凹版印刷,摸起来有明显的凹凸感。欧元纸币正背面均印有缩微文字,在放大镜下观察,真币上缩微文字线条饱满且清晰。

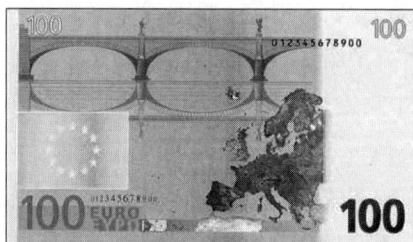

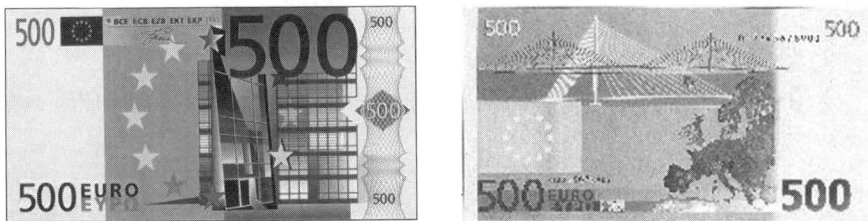

图 3.76

表　各种面值欧元的尺寸和风格介绍

面　　值	尺　　寸	风　　格
500 欧元	160 mm×82 mm	20 世纪风格
200 欧元	153 mm×82 mm	钢铁玻璃建筑风格
100 欧元	147 mm×82 mm	巴洛克风格
50 欧元	140 mm×77 mm	文艺复兴风格
20 欧元	133 mm×72 mm	哥特风格
10 欧元	127 mm×67 mm	罗马风格
5 欧元	120 mm×62 mm	古典风格

英 镑 防 伪

英镑(Pound Sterling)为英国的货币。英镑由英格兰银行(Bank of England)发行。英镑的纸币面额主要有 50 英镑、20 英镑、10 英镑、5 英镑四种,铸币有 1/2 新便士、1 新便士、2 新便士、5 新便士、10 新便士、20 新便士、50 新便士、1 英镑、2 英镑九种。1 英镑等于 100 新便士。

英镑纸币的主要防伪特征为:

1. 纸张

英镑的纸张非常洁白,正面比背面光滑,比较坚韧。每一种英镑纸币中都有水印。

2. 安全线

英镑的安全线是开窗式安全线。露出部分呈银色,当仰光观察该安全线时呈现为一条黑色的实线。

3. 油墨

采用红外油墨相隔色，英镑右侧的单色连号在红外光照射下会消失。

4. 印刷

英镑正面的女王肖像、行名、面值、王冠均为雕刻凹版印刷。用手触摸时有很强的立体感。在英镑中大量使用了微缩文字印刷。比如，新版的 10 英镑女皇头像下面的海螺型图案就是由大量的"TEN £10"等。

图 3.77

小组时间

简答题

1. 美元的防伪特征有哪些?
2. 欧元的防伪特征有哪些?
3. 英镑的防伪特征有哪些?

活动五 环球"风情"——外币真伪的识别(亚洲篇)

任务目标

一、了解日元的防伪特征。

二、掌握鉴别日元的方法。

知识锦囊

日 元 防 伪

日元是日本的货币。有日本银行发行流通,由日本"大藏省印制局"印刷。日元纸币正面文字全部使用汉字(由左至右顺序排列),中间上方均印有"日本银行券"字样。背面则有用拉丁文拼音的行名"NIPPON CINKO"(日本银行)、货币单位名称"YEN"(圆)字样。各种钞票均无发行日期,发行单位负责人是使用印章的形式,即票面印有红色"总裁之印"和"发券局长"图章。日本银行发行了 10000、5000、2000、1000 元四种纸币。

日元纸币的主要防伪特征为:

1. 纸张

日元的纸张采用的是日本特有的以三桠皮纤维为原料的纸张,纸张的手感圆润、爽滑、柔软。

2. 水印

仰光透视日元正反面的中间白色圆形中有水印图案,且水印图案与主景图案相同。

3. 油墨

日元正背面凹印部位的油墨是带有磁性的,可用磁性检测仪测出磁信号。日元采用了防复印油墨印刷图案,当用彩色复印机复印时,复印出来的颜色与原券颜色明显不同。2000 日元正面右上角的面额数字是用光变油墨印刷的,与票面成垂直角度观察时呈蓝色,倾斜一定角度时则变为紫色。2000 日元正面左右两侧分别采用珠光油墨各印刷了一条条带,转换钞票角度可看到有颜色变化。

4. 印刷

日元正背主景、行名、面额数字等均采用雕刻凹版印刷,图案线条精细、层次丰富,用手触摸有明显的凹凸感。日元正背面多处印有"NIPPON GINKO"字样的缩微文字。日元的盲文标记由圆圈组成,用手触摸有明显的凸起,透光观察也是清晰可见。

5. 隐形字

2000 日元正面左下角有一装饰图案,将票面置于与视线接近平行的位置,面对光源,作 45 度或 90 度的旋转,可看到面额数字"2000"字样。2000 日元背面右上角的绿色底纹处印有隐形字母,垂直角度下无法看到,将票面倾斜一定角度即可看到"NIPPON"字样,且前 3 个字母呈蓝绿色,后 3 个字母呈黄色。

图　3.78

小组时间

简答题

日元纸币的防伪特征有哪些?

实训与练习

1. 第五套人民币 1999 年版_____纸币为横竖双号码,横号码为黑色,竖号码为红色。

A. 20 元　　　　B. 50 元　　　　C. 100 元　　　　D. 10 元

2. 第五套人民币 1999 年版 100 元纸币的冠字号码颜色是_____。

A. 蓝色、黑色　　　　　　　　B. 红色、黑色

C. 暗红色、蓝色　　　　　　　D. 蓝色、黄色

3. 第五套人民币 1999 年版 100 元券和 50 元券的防伪特征有_____。

A. 红、蓝彩色纤维　　　　　　B. 磁性缩微文字安全线

C. 手工雕刻头像　　　　　　　D. 胶印缩微文字

E. 多重水印

4. 第五套人民币 1999 年版 100 元、50 元纸币安全线包含的防伪措施是_____。

A. 缩微文字和荧光　　　　　　B. 磁性

C. 缩微文字和磁性　　　　　　D. 荧光

5. 第五套人民币 100 元和 50 元的水印采用的是毛泽东头像,10 元券的水印是_____图案。

A. 毛泽东头像　　　　　　　　B. 荷花

C. 长江三峡   D. 月季花

6. 第五套 1999 年版人民币纸币采用的安全线有_____。

A. 磁性缩微文字安全线   B. 明暗相间的安全线

C. 隐性彩色线条安全线   D. 全息磁性开窗安全线

7. 第五套人民币各面额纸币的盲文面额标记均在_____。

A. 正面左下方   B. 正面右下方

C. 正面右上方   D. 正面左上方

8. 钞票的水印有图案明暗层次分明,立体感强,防伪能力强的特点,它是在_____形成的。

A. 纸张抄造过程中   B. 钞票印刷过程中

C. 后期加工过程中   D. 纸张压印过程中

9. 在特定波长的紫外光下可以看到第五套人民币纸张中有不规则分布的_____色荧光纤维。

A. 黄   B. 蓝   C. 红   D. 黑

10. 第五套人民币 10 元纸币和 5 元纸币采用的是全息磁性开窗安全线。开窗部位分别可见缩微字符_____组成的全息图案,仪器检测安全线有磁性。

A. ￥10   B. ￥5   C. RMB10   D. RMB5

11. 美元纸张中含有_____色和_____色纤维。

A. 红、绿   B. 红、蓝   C. 蓝、黄   D. 黑、绿

12. 美元从 1990 年版开始,在纸币中都增加了_____防伪特征。

A. 光变油墨面额数字   B. 白水印和凹印缩微文字

C. 文字安全线和凹印缩微文字   D. 红、蓝有色纤维

13. 100 欧元纸币的全息标识在票面_____。

A. 正面左下角   B. 正面右下角

C. 背面右下角   D. 背面左下角

14. 汇丰银行发行的港币冠字号码采用了_____。

A. 横竖双号码   B. 横竖异形双号码

C. 双色横号码   D. 磁性异型双号码

15. 渣打银行发行的港元纸币"阴阳互补对印图案"是_____。

A. 花边图案　　　　　　　　B. "中"字图案

C. 圆形图案　　　　　　　　D. 菱形剪角图案

16. 欧元纸张中采用了无色荧光纤维，在紫外光下显现的颜色是_____。

A. 红色　　　B. 紫色　　　C. 黄色　　　D. 绿色

E. 蓝色　　　　　　　　　　F. 橙色

17. 2004 年版 20 美元采用了光变面额数字，其颜色变化为_____。

A. 铜变绿　　　B. 绿变黑　　　C. 绿变蓝　　　D. 铜变蓝

18. 从_____年版的钞票开始，美元纸币中都增加了文字安全线和缩微文字。

A. 1986　　　B. 1990　　　C. 1996　　　D. 2001

19. 香港上海汇丰银行券采用的是_____双号码，特点是数字逐渐增大。

A. 横号码　　　B. 竖号码　　　C. 横竖异形　　　D. 双号码

20. 彩色美元的人像_____增加了金属油墨印制图案，转动倾斜观察可见金属光泽。

A. 右侧　　　B. 左侧　　　C. 上方　　　D. 下方

模块四
硬笔（含账页）书写

任务一　硬笔汉字书写技法

任务目标

一、了解并明确写好硬笔书写的重要性,培养学生热爱祖国语言文字的情感。

二、明确正确执笔的重要意义,规范书写姿势和执笔方法。

三、正确掌握汉字书写的基本用笔方法。

活动一 ▌ 硬笔书写的准备工作

知识锦囊

1. 硬笔书法的特点和功用

硬笔书法是用钢笔、水笔、铅笔等作为书写工具的一门书写艺术。它与软笔(毛笔)书法的不同点是:毛笔性软,可以铺毫,使用不同规格的毛笔,大者可以写出盈尺榜书,小者可以写出分许蝇楷,笔画形态也丰富多彩;硬笔书写工具和笔性都比较坚硬,不能铺毫,字形大小变化有限。但是,对于一个硬笔书法训练有素、基本功深厚的书写者来说,完全可以利用笔尖弹性,熟练地掌握书写力度和运笔节奏,充分表现硬笔线条、形体的神韵风采,具有独特的魅力美感。

较之毛笔书法,硬笔书法的实用价值高,笔法简便,易学易用。硬笔书法同样可以书写真、行、草、篆、隶等各类书体,也可以创作出形式多样的硬笔书法艺术作品。

2. 重视双姿

双姿是指身姿和执笔的姿势。正确的身体姿势,不仅有利于书写自如,充分发挥书写技能,提高书写水平,而且有利于青少年骨骼发育,预防近视,预防脊椎弯曲,有益健康。

正确的执笔方法,直接关系到对笔的控制能力、运笔的灵活性、书写的速度,并影响书写效果。

要注意硬笔的爱护保养

一要防止硬笔坠地而损伤笔尖。

二要保持笔尖的清洁和流水的均匀正常。

三是书写时不宜用力过重,以免损坏笔尖。不用时或暂停使用时,要随手套好笔套;钢笔要定期清洗擦干。

写字的坐姿与执笔是否正确,与运笔方法,有着密切关系。正确、美观的写字姿势,体现出书写者认真、重视的心态,是书写美的组成部分。反之,不良的习惯势态,透露出轻视、草率、马虎、无所谓或者疲倦的身心状态。不良习惯有百害而无一益。

高手经验

正确的身姿

一、头正、身直、臂开、足安(如图4.1所示)

图 4.1

1. 头正：头部保持端正，略向前倾，眼睛与纸面保持一尺左右的距离。
2. 身直：身姿端正，腰背自然伸直，胸口不要紧靠桌子，保持一拳间距。
3. 臂开：两臂自然张开，松肩虚腋，右手执笔，左手按纸。
4. 足安：两脚自然平放在地上，与肩同宽。

二、正确的执笔姿势（如图4.2所示）

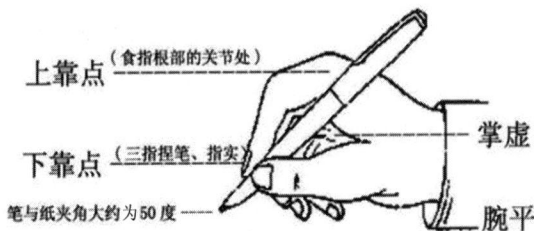

图 4.2

活动二 ▌ 硬笔书法的用笔方法

任务目标

一、了解起笔、运笔、收笔的运行过程。

二、感知并体验提按运笔和节奏变化。

知识锦囊

运笔过程中，伴随力的轻重起伏和提按变化，线条呈现粗细变化，使笔画内涵丰富，并形成丰富的节奏美感。初学时要仔细反复体验笔画的运行过程，对起笔、行笔、收笔三个步骤了然于心。

起笔就是一笔的开始，收笔就是一笔的结束，行笔是指中间的运行过程。书写笔画时要体现起笔（或重或轻）、行笔（要轻一些，线条或直或弧或曲，不能随心所欲）、收笔（或顿笔或轻提）三个步骤，不能平拖或平画。

提按是指提笔和按笔。提笔就是把笔微提，它一般体现在一画之内或某些

笔画的结束处,它的结果会产生使笔画变细的效果。按笔,也叫顿笔,就是把笔按下去,可以使笔画取得粗壮的效果。

以横、竖、撇、捺四个笔画为例,运笔节奏和提按动作如图4.3所示。

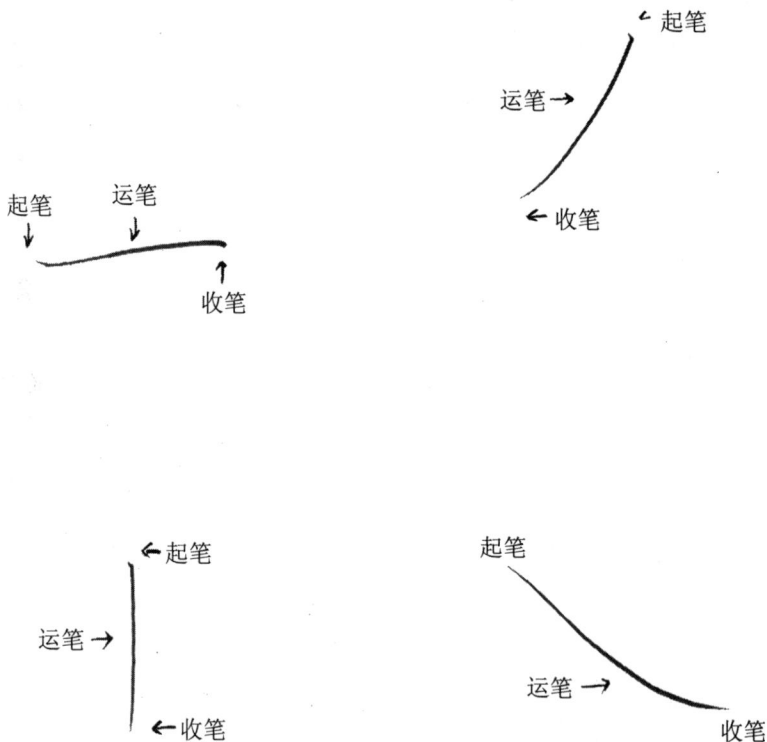

图 4.3

高手经验

读 帖 和 临 帖

读帖就是看字帖。临写之前,对于字帖范本一定要仔细阅读。这个读不是语文含义的朗读或者默读,它的主要指向不是字、词、句、篇的含义,而是对书法的造型结体、点画形象、运笔气势、格调韵味、章法布局等多方面的感受与理解。读得准才能临得像,读得用心才能印象深刻,读得透才能举一反三,融会贯通。

　　临帖就是照着字帖习字。临帖应当以质量为先，在高质量的基础上加以反复，才是有效的临帖；反之，不讲质量的反复书写，不仅无效，反而有害。

　　一般来讲，初学者应从点画基本功练起，先楷书，后行草，步步为营，循序渐进。

小贴士

养成研读好习惯

　　相对于身姿执笔等显性习惯，研读过程中的观察、比照、分析、反复、坚持等隐性习惯，更具有决定性的作用。

　　研读包含写字前的读帖、临写过程中的比照分析与改进。良好的研读习惯，体现出学习者优良的学习品质。

▮ 小组时间

1. 练习正确的身姿。
2. 练习正确的执笔姿势。
3. 练习提按技法，体验运笔节奏感（参考图4.3）。

任务二　硬笔楷书的书写方法

▮ 任务目标

一、理解楷书笔画精美的含义；感知并准确表达基本笔画的形态。

二、了解楷书结体的各种类型，正确临写各类字例，理解结体规律。

三、熟练掌握结体规律，能举一反三，融会贯通。

知识锦囊

规范、端正、美观，是楷书的基本要求。点画是基础，好比人的五官；结体好比身材，若没有端庄作为基础，就谈不上美观。结体有规律，要恰当安排各个结构部件的位置、大小，使各部件的组合相互协调，主次分明，构成整体美。楷书的学习必须从临写开始，手眼脑协同参与，逐渐养成研读的习惯，运笔要力求精准，不可草率。通过用心体会，适量练习，注重迁移运用，相信会取得明显的收获。

活动一 ▎ 硬笔楷书基本笔画写法

欧阳询在《八诀》中说："'点'如高峰之坠石，卧钩似长空之初月，'横折钩'如万钧之弩发。"古人常以瑰伟奇特的自然景观来比喻各类点画的形象，借以表达书法艺术中丰富而高妙的美感，显示书法艺术蕴含的神奇的想象力。

知识锦囊

以图4.4中的卧钩、斜钩为例，两个笔画都以流线型表现出流畅的运动感，并伴随力度的变化和方向的变化，表现出轻重起伏的节奏美。如果运笔走势表达得不恰当，就会造成错误，失去规范性；如果以直线表达，就会显得僵直呆板。

高手经验

写好基本笔画，就好比造房子得准备好基本材料。初学者对于这些基本笔画，既要正确识别，又要正确表达它们的基本形态。有的正、有的斜；有的长、有的短；有时重、有时轻；有时直线、有时弧线，形态各异。

基本点画的形态（如图4.4所示）

名称	形态	字例	名称	形态	字例
点	、	立	卧钩	⌣	心
横	一	工	斜钩	⟍	戈
竖	丨	年	横折钩	㇆	刀
竖	丨	十	竖弯钩	㇉	也
撇	丿	天	撇点	〈	女
竖撇	丿	月	横折	㇕	日
捺	㇏	火	竖折	㇗	山
提	㇀	地	横撇	㇇	又
横钩	㇖	买	竖折折钩	㇋	与
竖钩	亅	水	横撇弯钩	㇌	阳
旁钩	㇉	手	横折弯钩	㇈	飞

图　4.4

▌小组时间

1. 说出基本笔画的名称。

2. 练习基本笔画的形态（参照图 4.4）。

活动二 ▎ 楷书结体基础——平正与平衡

知识锦囊

平正、平衡就是不歪不斜,势力均衡的意思;书法的结体必以平正、平衡为基础,先求端正、端庄,然后可以变化,在具备一定功力的基础上,逐渐融入个性,形成丰富变化和具有个性特征的结体造型美。平正与平衡,是结体美的基础。

以"正"字为例:平行的三个横画,运行的角度基本呈水平方向,两个竖画端正,与竖中心线平行,这就是横平竖正的概念。

又以"来"字为例:以中竖为轴,撇捺运行时与中竖形成的夹角,收笔的水平面也基本相同,形成撇捺平衡,整体端庄。(如图 4.5 所示)

高手经验

平正平衡,大致有以下两类情况:

1. 横平竖正

横平,就是横画(包括横向线段譬如横钩、横折钩中的横向线段)要尽量平,可以稍稍有一点向右上倾斜(但不宜向右下倾斜);竖画,尤其是主要的竖画(譬如:中、止、正、半、由、申等字的中竖),一定要做到垂直。垂直就是正,初学者宜参照田字格(或米字格),把横平竖正的基本功打得越扎实越好。

2. 左右平衡

有些字有撇捺,分别以中竖为轴,对称平衡,例如:木、未、来、朱、永等字;拓展延伸,有些字没有中竖,也要考虑撇捺平衡。例如:天、文、又、夫、父、天、八等字;再拓展延伸,没有撇捺的字。例如:田、由、甲、申等字,以中轴线为准,左右平衡。

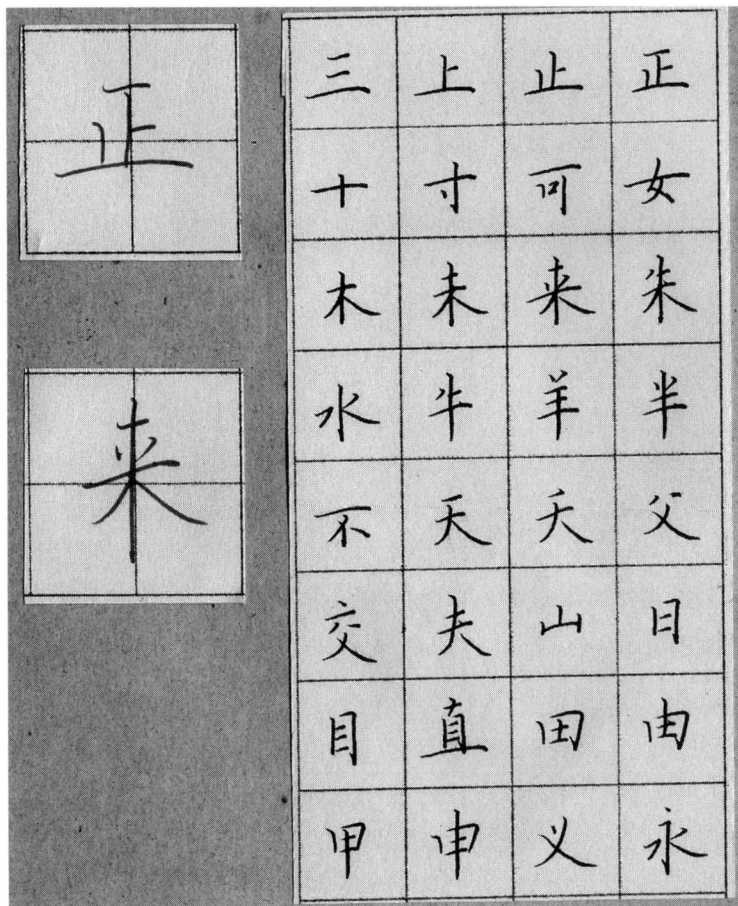

图 4.5

平正、平衡，是字形结体美的基础。

小组时间

研读图 4.5 中的例字，体会平正与平衡，并临习。

活动三 ┃ 楷书结体基础——主笔要鲜明

知识锦囊

多个笔画组合成字,这多个笔画在整个字当中的功能地位有所不同。其中,对整个字的结体有关键作用的一笔,称为主笔。体现在线段的长度上,主笔往往最长、最明显。把握好主笔的位置、长度、走势,处理好主笔与其他各笔的关系,是结体美的必然要求。

以"言"字为例:横画较多,主笔是第一横,长度是其他横画的两倍以上。否则,横无主笔,犹如群龙无首,主次不明。如果关系紊乱,结体必然面目不清,毫无美感。又以"氏"字为例,斜钩向右下方伸展,不可缩短,否则结体失衡,全无精神。(如图4.6所示)

高手经验

有的主笔是横画(如:廿、壬、士、丰、言、京等字);有时是斜钩(如:戈、氏、我等字);有时是横折钩(如:身、永、匀等字);有时是竖弯钩或横折弯钩(如毛、也、九、飞、凡等字)等。主笔往往在长度上比较明显,书写时不能"短斤缺两"。有些主笔线段变化比较复杂,既要考虑转折或转弯时的提按变化或弧度变化,又要把握各个线段的长度比例。

主笔在一个字的结构中有关键作用,往往影响到这个字的造型姿态。观察主笔的位置,判断主笔的长度与线形特征(直线还是弧线),分析主笔与其他笔画的关系,下笔之前做到心中有数。

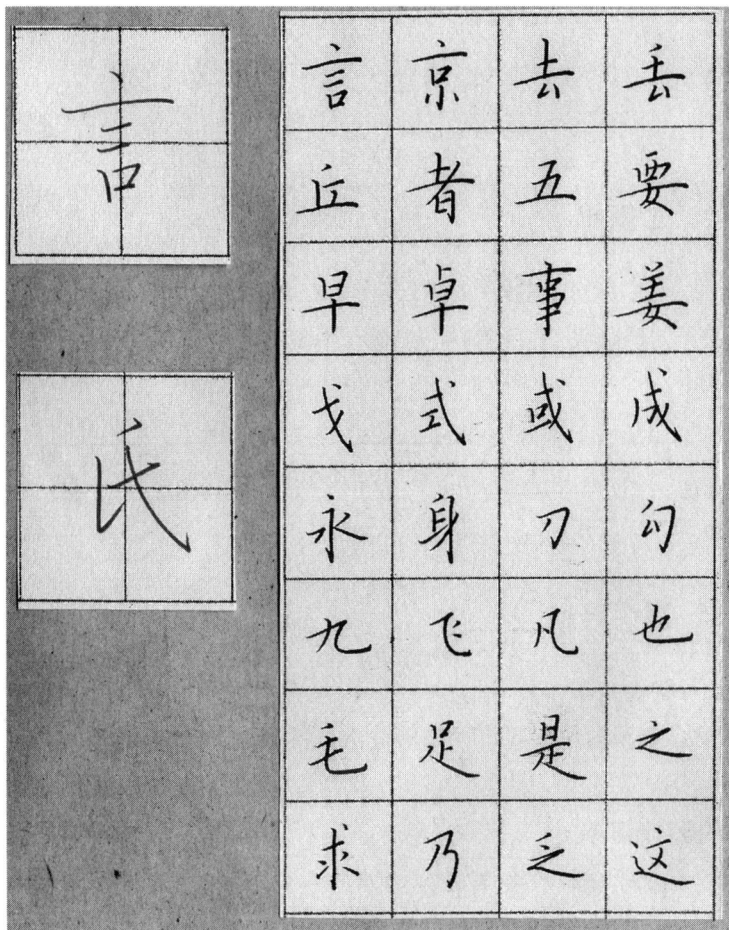

图　4.6

小组时间

1. 参照图 4.6，逐字研读每个例字的主笔。
2. 临写图 4.6 中的例字。

活动四 ▎ 楷书结体基础——重心要稳定

知识锦囊

字有重心，才有稳定感；字的重心合理，看起来才会有美感。重心一般在字的中央，四周的笔画或部件都向中央笼聚，形成向心势力。因此，一个字的组成部件无论有几个，总会有一种重心稳固，统摄全体的效果。

以"泉"字为例：上半部"白"的中轴线，与下半部"水"字中轴线，应为一线。

又以"戈"字为例：长斜钩的走势呈斜向，倾斜的程度和弧形的幅度要恰到好处。（如图 4.7 所示）

高手经验

1. 上下重心一致

把握好各部分的重心，上下要一致，类似情况几乎包括上下结构、上中下结构的所有字例。

2. 体势斜而不倒

观测和把握长斜钩的总体走势（角度），不能太过平坦（区别于卧钩）；同时表达出圆转自然的弧度，避免写成类似竖弯钩。其他一些笔画多斜向的字，如：歹、方、勿、母等，可类推。

> 重心一致，避免错位。注意斜向笔画的角度和长度；结体时，重心宜向方格中央，使体势斜而不倒。

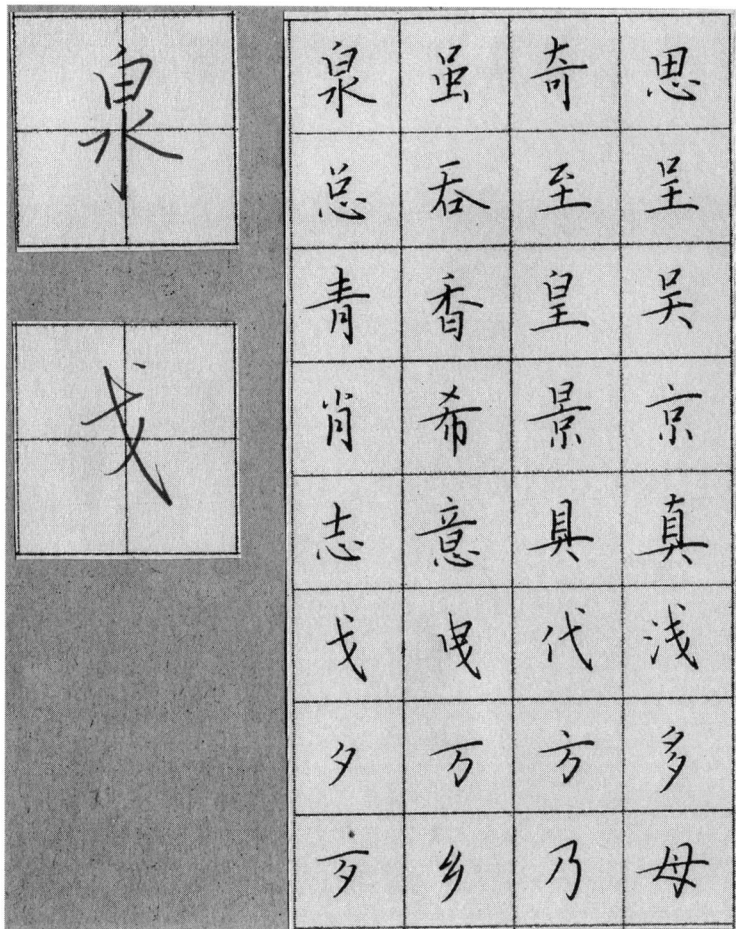

图　4.7

小组时间

1. 研读图 4.7 字例，体会上下结构重心一致，并临习。

2. 研读图 4.7 字例，体会体势斜而不倒，并临习。

活动五 ▎ 楷书间架结构——比例要恰当

知识锦囊

例解：

以"表"字为例：以长横为界，下部的竖提，位置和长度要恰到好处，撇捺的长度也要恰如其分，使整体与上半部的比例相当。再以"放"字为例，左右两个部件各自瘦身，高度与肥瘦都要相当，合在一起才不至于差异明显，失去视觉上的和谐美感。（如图 4.8 所示）

高手经验

汉字结构多样，最基本的有上下、左右、上中下、左中右、框围、叠体等结构类型。大体分类与字例如下：

1. 上下相当：上下两部分各占整个字的二分之一。例如：至、召、歪、委、表等字。

2. 左右相等：左右两部分宽瘦比例相当。例如：胡、般、效、羽、朋、邪、静等字。

3. 上中下均等：上中下三部分各占相同比例。例如：翼、慧、急、蓝等字。

4. 左中右均等：左中右三部分各占均等比例。例如：嫩、榭、瑚、湖等字。

5. 左窄右宽：左边部件明显瘦于右边部件。例如：徐、施、抗、江等字。

6. 左宽右窄：左边部件明显宽于右边部件。例如：制、引、刻、到等字。

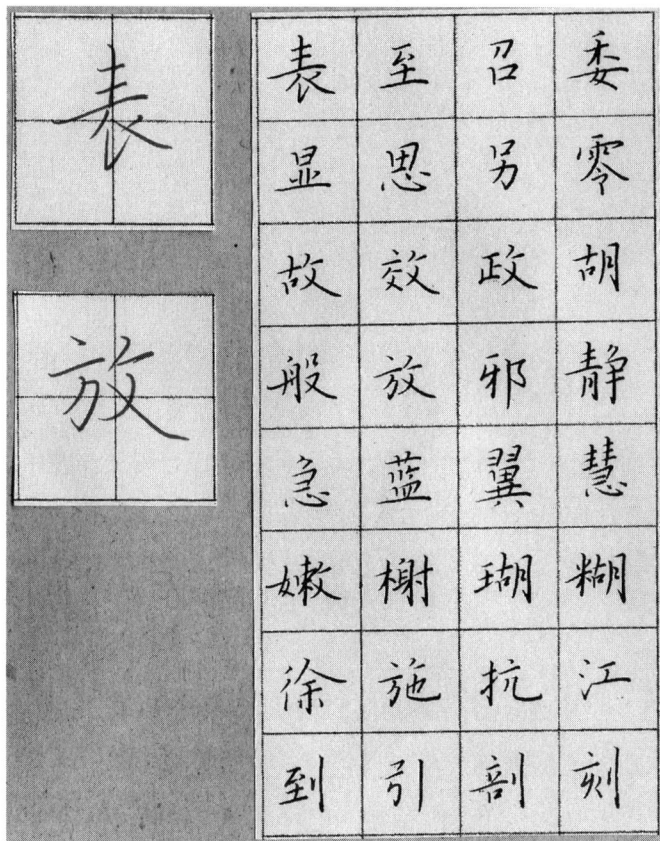

图　4.8

字有"身材"，肥瘦合宜，始能端庄；字有"身段"，各部分组件，好比身材的各段，在整体中要讲究比例。身段比例恰当，字才能给人美感。

各结构部分的比例会有多样变化。但是，万变不离其宗，这个宗就是美感。分析结构类型，判断各部分占整体的比例，这是一个观察、感受、分析、判断的审美过程，切忌随意发挥和简单了事。

小组时间

研读图 4.8 中的例字,体会各类结构的比例,并临习。

活动六 | 楷书间架结构——组合要得体

知识锦囊

部件组合成字,各部分的位置不同,形体有别,组合时要照顾相互之间的关系,既能体现各部件在整体中的地位与功能,又能相处自然和谐,或下覆,或托上,或穿插,或映衬……总之,使各部件的位置合宜,大小得体,整体协调。

例解:

以"会"字为例,人字头宜开张舒展,不可狭隘;"云"应该收缩,横画的长度不宜超出人字头的宽度;整体看来,上下之间密合贴切。再以"鸿"字为例,中间的"工",个子宜短小,如果个子高大,反宾为主,就会使整体失去密合照映的协调关系。(如图 4.9 所示)

高手经验

不同的部件,因其位置与功能不同,形体大小也有所区别。具体细分为:

1. 上宽下窄:上半部分稍宽,如台、肯、肾、常、替、些、雷、普等字。

2. 上覆盖下:各类字头(宝盖、人字头、奉字头等),宜有覆盖之势,不可狭隘,如宜、家、命各、春、等字。

3. 下承接上:土字底、皿字底、四点底、女字底,地载托上,要写得稍宽一些,如盂、盖、坚、点、委、娄、杰等字。

4. 中间略小:左中右结体,中间部件的个子宜短小些,如衍、树、鸿、倾、弼等字。

5. 上小下大:上下结体,上部体形稍小,如尖、矣、寻、邑、皂等字。

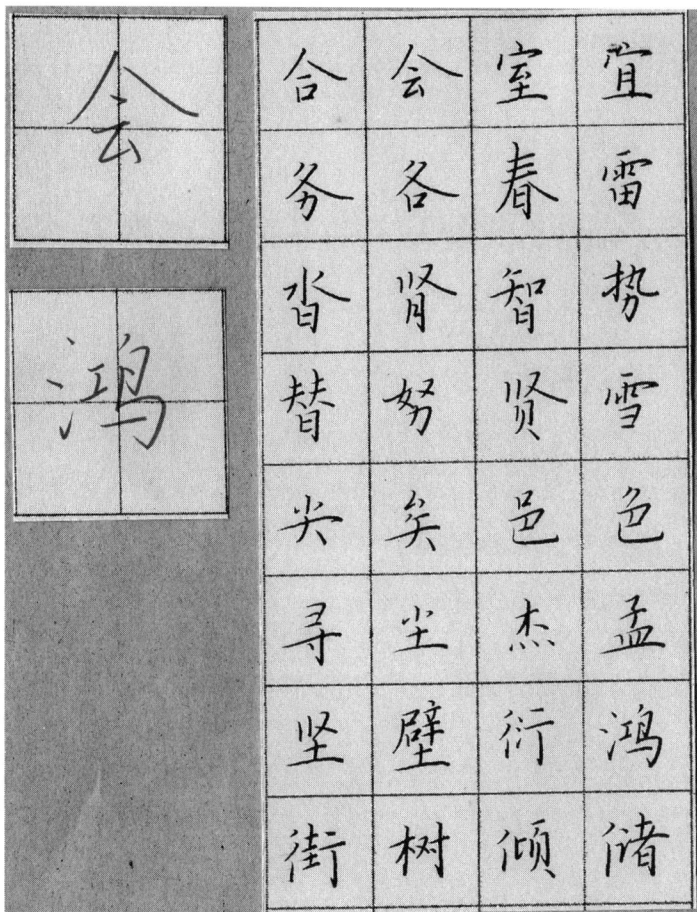

图　4.9

　　部件组合成字，各部分的位置不同，形体有别，组合时要照顾相互之间的关系，既能体现各自在整体中的地位与功能，又能相处自然和谐，或下覆，或托上，或穿插，或映衬……总之，使各部件的位置合宜，大小得体，整体协调。

小组时间

研读图 4.9 中的例字,体会各类结构的组合特点,并临习。

活动七 ▌ 楷书间架结构——围框与堆叠

知识锦囊

框围、回抱与堆叠,是汉字结构的几种类型。框围包括半包围与全包围,半包围又有多种细分。堆叠是指两个或三个相同的独体字组合成字的结构类型。本讲所指的堆叠,只指三体堆叠的品字形结体。

例解:

以"房"字为例:"户"下有"方",类型属于左上包右下,结体时,"户"头不宜太大(否则造成大头小身),"方"不宜太靠左(否则导致空间局促,犹如发育不良),"方"的横画稍稍长一些,使体态饱满,"心胸"宽敞。全包围的字,如"团",形体必须要正,大小适中,框围不宜紧闭,而要适当透气。(如图 4.10 所示)

高手经验

1. 框围结构:

1)左上包右下:注意内部部件不要太靠左。例如,历、原、度、底、居、展、房、屋、病等字。

2)右上包左下:里面的部件不要紧贴右面。例如,匀、句、司、匈、甸、载、栽等字。

3)三包围:框形要正,内部结构安排在框内中心,大小要适中。例如,区、同、闯、凶、冈、巨、匡、匠等字。

4)全包围:框围不宜过大,不宜紧闭;形体要正,切忌斜。例如,囚、因、园、国、困、图等字。

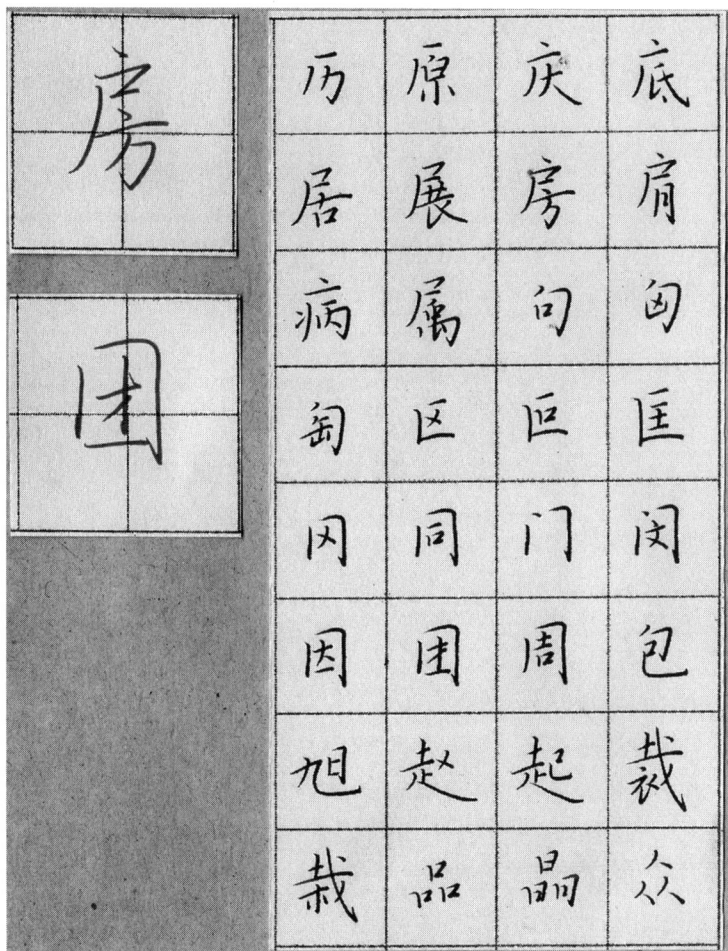

图 4.10

2. 回抱结构：竖弯钩的线段要圆转一些，长一些；勾起要短。例如，包、旭、尬、毯、勉、魁等字。

3. 三体堆叠的字，则要中心凝聚，安稳如山。例如，森、淼、品、晶、众、磊等字。

无论全围半包围,空间留白宜均分;

回抱形势贵圆满,三体堆叠定乾坤。

小组时间

研读图 4.10 中的例字,体会各类框围结构和堆叠结构的特点,并临习。

任务三　硬笔行书基础

任务目标

一、认识行书,体验行书点画连写的方法。

二、熟练掌握基本笔画和偏旁部首的行书技法。

三、能在横格内规范、协调、美观地书写汉字。

知识锦囊

行书是在楷书基础上连笔书写,字形活泼灵动的字体。通常,人们将楷书比喻为人的站立,而把行书比喻为人的行走。行书比楷书的书写速度快、效率高,又基本上不脱离楷书字形,易识便学,所以在日常生活工作中应用最为广泛。

活动一 ┃ 硬笔行书的运笔方法和基本笔画

知识锦囊

认 识 行 书

宋代书法大家苏轼说："真如立，行如行，草如走。"寥寥数字道明了楷书、行书、草书的区别：楷书站立如松，端正稳实；行书如行云流水，流畅自然；草书则笔走龙蛇，飘逸潇洒。

行书的运笔方法和基本笔画

行书以楷书为基础，它对楷书的变体主要表现为连、省、改、活。"连"即连笔，两个或两个以上的笔画连笔书写；"省"即简省，在保留基本字形框架的前提下，对部分笔画进行简化或省略；"改"是改变，改变楷书的书写笔顺，利于快写；"活"指活泼，相对于楷书的正襟危坐，行书显得活泼生动。

小贴士

唐代的张怀瓘曾为行书下过定义："不真不草，是曰行书。"行书是楷书的快写，相传始于汉末。它不及楷书工整，也没有草书的狂放，它是介于楷书和草书之间的一种书体。行书中带有楷书或接近于楷书的叫做"行楷"；带有草书或接近于草书的叫"行草"。

高手经验

行书的连笔方法

行书笔画的书写讲究笔意相连，笔势呼应。上一笔与下一笔往往有顺势映带的牵丝加以联系。笔画与牵丝要注意虚实,书写时要把握好轻重徐疾的节奏。一般来说,笔画部分行笔缓慢而稍重,连笔部分行笔较疾而轻。掌握笔画连写、变化与运笔的基本规律,也就打好了行书的基础。

常见的行书连笔(如图 4.11 所示)。

楷书	行书	字例	
冫	冫	冬	头
八	八	只	六
人	人	衣	水
灬	灬	火	总
丷	丷	学	应
灬	一	点	杰
冫	江	求	尔
丁	丁	工	下
广	广	左	在
广	广	右	有
厂	厂	石	不
厂	厂	戈	城
三	氵	江	海

图 4.11 常见行书连笔示例

斗	舟	寒	母
共	立	平	兴
采	河	衔	点
杰	安	农	万
方	吉	注	王
玉	主	洁	永
良	社	衫	心
思	青	毒	开
井	并	无	元
示	宗	朵	东
村	林	比	皆
收	幽	臣	乍
见	况	先	洗
及	极	友	攻

图 4.12 行书连笔拓展

小组时间

1. 研读图 4.11 中的例字，体会行书连笔方法，并反复临习。
2. 研读图 4.12 中的例字，体会行书连笔规律，并反复临习。

活动二　硬笔行书偏旁部首的写法

知识锦囊

偏旁部首是汉字结构的重要部件。收录于《现代汉语词典》的部首有 188 个。偏旁部首按其在字形结构中所处的位置不同，可以分为五个大类：左偏旁、右偏旁、字头、字底、字框。行书的偏旁部首在书写时可以随字体风格的不同而富于变化，体现个性。

高手经验

书写时要根据整体比例，作适当的升高、降低或增大、缩小。可以精选最常用的偏旁部首，结合例字，重点练习。学习时要注重理解，强化练习，以利于举一反三，融会贯通。

行书偏旁部首与字例（如图 4.13 所示）。

子	孙	孩	孔
女	妙	她	好
犭	狂	独	狼
弓	引	弘	张
火	灯	烟	炼
纟	红	经	络
口	呼	吸	听
山	岭	峰	岗
王	环	玩	班
马	驻	驰	驶
方	施	族	旅
牛	牧	物	牡
车	软	较	轻
金	银	钟	钱

贝	财	贴	贡
月	胜	股	期
石	研	确	破
足	路	跟	践
耳	职	耿	聪
舟	船	航	般
米	料	糖	粮
饣	饮	饭	饼
鱼	鲜	鲤	鳞
刂	别	到	利
力	劲	办	动
又	双	汉	取
卩	却	即	印
寸	对	付	封

图 4.13

八	今	介	全
大	奇	奋	夺
宀	字	宝	安
穴	窃	空	究
雨	零	雷	雪
廿	芳	花	芝
竹	答	等	笑
旦	早	景	旦
广	庄	店	度
户	房	扁	扇
立	章	竞	童
四	罗	罢	罚
羊	美	群	善
儿	元	竞	先

心	志	忠	意
木	条	朵	架
目	肴	箭	萧
皿	益	监	盗
虫	蛋	蚕	虹
之	送	运	道
走	起	赵	越
讠	认	计	请
彳	行	往	得
忄	怀	快	忙
阝	陈	队	部
扌	报	扑	持
禾	和	秋	科
巾	帐	帆	帕

图　4.13

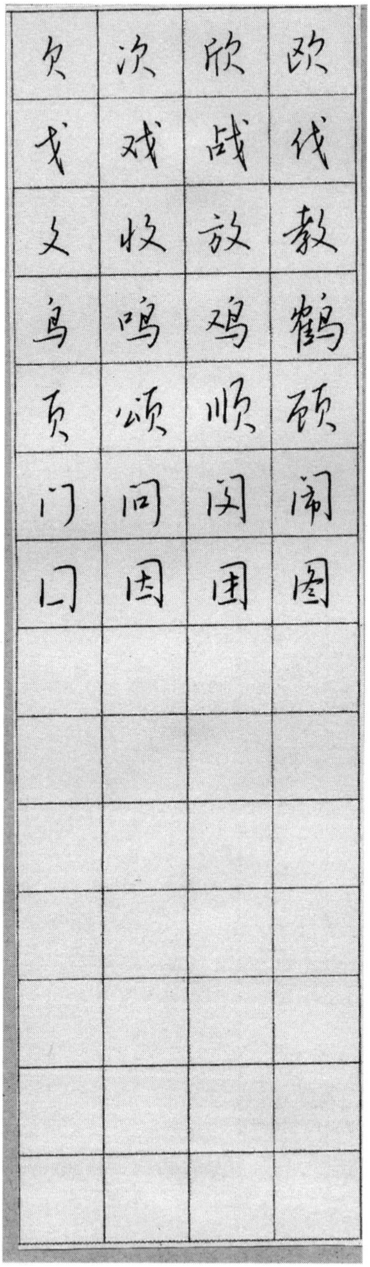

欠	次	欣	欧
戈	戏	战	伐
攵	收	放	教
鸟	鸣	鸡	鹤
页	颂	顺	顽
门	问	闪	闹
囗	因	围	图

图　4.13

小组时间

1. 研读图 4.11 中的例字，体会偏旁部首的行书写法；
2. 反复临习行书偏旁部首和字例，体会偏旁部首与整体的协调、呼应。

活动三 ▍ 在横格内书写汉字

知识锦囊

在日常学习、工作中，横格书写更为常见，也更常用。相比于方格书写，横格书写在横势上没有界格，所受限制少一些，对于字形大小、位置的把握，难度相对高一些，因此也容易出现偏差。

以下列举几种常见的错误，请务必避免

（1）字形太大（如图 4.14 所示）

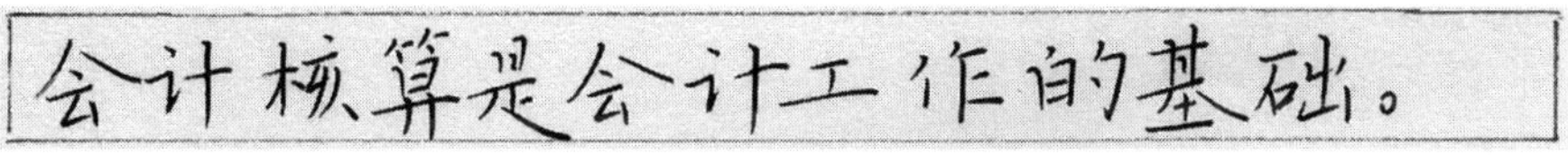

图　4.14

（2）字形太小（如图 4.15 所示）

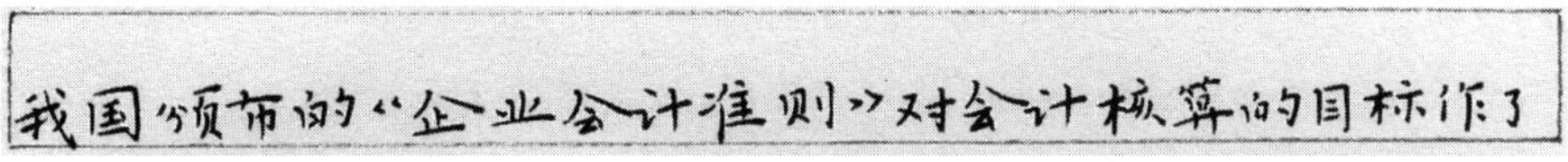

图　4.15

（3）字位偏高（如图 4.16 所示）

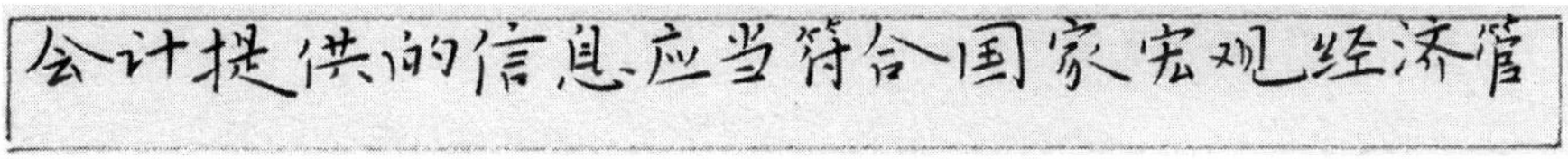

图　4.16

（4）字位偏下（如图 4.17 所示）

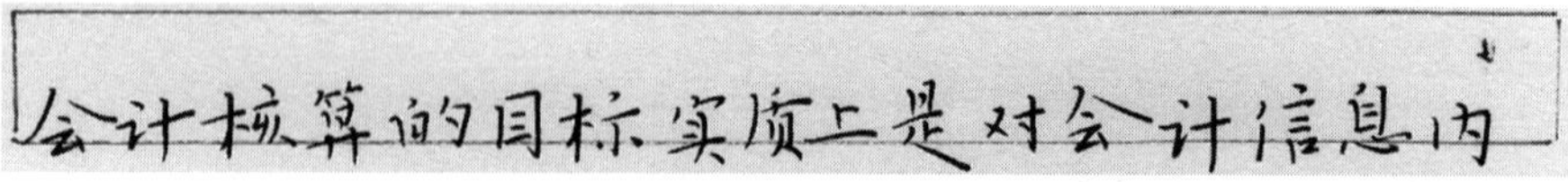

图　4.17

（5）字距太密（如图 4.18 所示）

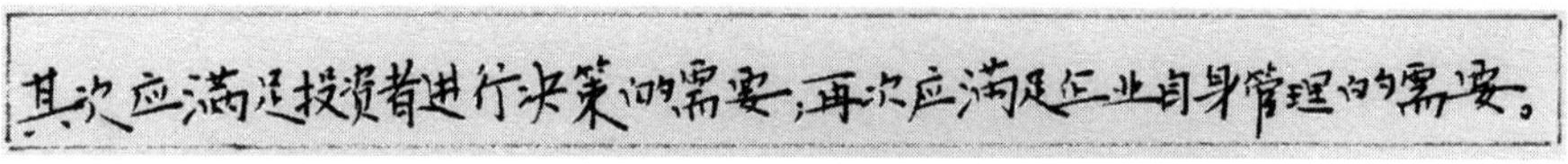

图　4.18

（6）字距太松（如图 4.19 所示）

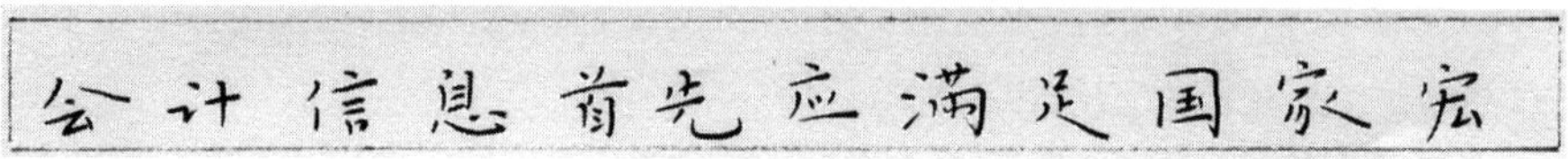

图　4.19

高手经验

在方格内书写或在横格上书写，要使整体布局均匀和协调，视觉美观。具体要注意以下几点：

1. 字形大小适中：与格子大小相匹配。一般来说，笔画多的字，不宜太大；笔画少的字，不宜太小。尽量做到整体匀称。

2. 字距、行距适宜：字距不宜太过松散，行距不宜太过紧密。

3. 横格书写时字位还应尽量居中。

小组时间

1. 横格书写要避免哪几种错误写法？

2. 研读下列示例，体会横格书写的位置、大小和间距，并仿照练习。

中国银行业与国外银行最大的差距在于服务，

包括服务的理念、手段、营销和管理。西方银

行长期处于比较激烈的竞争状态，在客户服

务方面积累了相当丰富的经验，国内银行在此

图　4.20

203

任务四　运用硬笔技法书写银行账页

■ 任务目标

一、了解账页(账簿)书写的意义。

二、了解账页(账簿)中汉字书写的要求与方法,并正确书写。

三、了解账页(账簿)中阿拉伯数字的书写要求和方法,并正确书写。

四、了解金额、日期大小写法则,并在票据或账页(账簿)中正确书写。

五、了解并学会账页(账簿)书写中错误更正的要求和方法。

知识锦囊

账页(账簿)是一项技术性很强的专业技能。账页(账簿)书写包括与会计核算等经济活动相关联的文字和数字书写,如填制记账凭证、登记账簿、填写发票等。账簿书写与一般硬笔书写不同,除了要求整齐、流畅、匀称之外,还必须遵循防止篡改的要求。

活动一 ▌ 账页中汉字书写要求

知识锦囊

一、认识账簿

账簿是以会计凭证为依据,用来连续、系统、全面地记录和反映企业、单位各项经济业务,由一定格式账页所组成的簿籍。

(一) 账簿基本要素

账簿由封面、扉页和账页等组成。封面要填明账簿名称和记账单位名称;扉页包括账簿启用表和经管人员一览表;账页则记录非常具体的账目信息。

(1) 账户名称;

（2）登账的日期栏；

（3）凭证的种类及编号栏；

（4）摘要栏；

（5）金额栏；

（6）总页数或分户页数。

（二）账簿的分类

1. 按用途分为序时账、分类账和备查簿

序时账簿又称日记账，是以每一项经济业务为记录单位，按照经济业务发生的时间先后逐日逐笔登记的账簿。

分类账簿是包括全部账户在内的、用来分类记录企事业全部经济活动情况及其结果的账簿。

备查簿是针对某些不能在日记账或分类账中记录的事项，为便于查考而作辅助性登记，以提供有关数据资料的账簿。

2. 按外表形式分为订本式、活页式和卡片式

订本式账簿是在启用前就已将账页装订成册的账簿。其优点是能防止账页的散失和更换，有利于保证会计档案的严肃性和完整性。

页式账簿是启用前为散装账页，启用后安装在活页夹中使用，用毕才加上封面装订成册的账簿。其优点是能根据记账需要随时添加账页，便于分工记账。

卡片式账簿是用硬质纸张制成并印有专门格式的散装账卡。卡片账在使用时一般不加装订，为防散失，通常放置在特制的卡片箱内。使用完毕，再加上封面，穿孔装订，封扎保管。卡片账的优点是使用寿命较长，便于添加新卡等。

3. 账簿按格式可分为三栏式、多栏式、数量金额式和平行式

三栏式账簿的基本格式是在账页中设置"借方"、"贷方"、"余额"或"收入"、"付出"、"结存"栏金额，只需进行金额核算的账户。

多栏式账簿是根据经济业务的特点和管理的要求，在一张账页内按所需明细项目分设专栏，集中反映相关明细项目的核算资料。多栏式账簿的格式多种多样，也可按需要自行设计。多栏式账簿一般只以金额核算，多用于需控制明

细项目的成本费用账户。

数量金额式账簿的格式是在账页中设置"收入"、"发出"、"结存"三栏,各栏中再细分"数量"、"单价"、"金额"三栏,可分别登记实物资产的数量、单价和金额,适用于流动物资的核算。

平行式账簿又称横线登记式,其一般格式是在账页上分为"借"、"贷"两方,两方各设日期、凭证号数、摘要及金额栏,记账时将前后密切相关的经济业务在同一行内逐笔控制进和出的业务。

会计账簿是会计信息组成的重要环节;登记会计账簿是会计核算的重要基础工作,这对加强经济管理有着重要的作用。

二、账簿书写的意义

账簿书写是与会计相关的内容书写,包括会计核算等经济活动中所有文字和数字的书写。例如:会计核算时的填制记账凭证、登记账簿和编制会计报表,其他经济活动中的填写银行结算单据、销货发票、账单等。这些账簿、凭证单据和报表企业的重要经济档案,对企事业来说是至关重要的。正确、规范、整洁的书写,是会计核算等工作顺利开展的基本前提;反之,书写潦草、刮擦涂改,就会出现账务紊乱和经济业务反映不明,造成工作差错或给企业带来不应有的损失。

高手经验

账簿书写的准备

会计人员在填制会计凭证、记账和编制会计报表时,必须使用墨水笔,以防止褪色或被修改。因此在本课学习中,为了仿真,也需用墨水笔习字,不得使用圆珠笔或铅笔。同时为了能在行距较窄的账簿格中流畅地书写,建议使用规格为 0.3 mm～0.5 mm 的水笔。练习中如遇笔误差错,需用红笔及直尺画线更正,因此还需准备红色水笔及直尺。

【例】

误将"原材料————乙材料"写为"原材料————甲材料",更正如下:

原材料————甲材料

账簿摘要文字书写示范(如图4.21所示)

账页中的文字书写

1. 以行楷为宜,字迹清晰、书写流利、匀称,有行无列,硬笔书法标准作为参照,同时考虑整体效果。

2. 靠左线、贴底线书写,一般占行高的1/2或2/3,预留改错的空间。

3. 账簿书写不得跳行、空格。

4. 对于文字差错,可划线更正,错一个更正一个,即只更正错误的部分。

小组时间

1. 账簿书写有何意义?

2. 仿照图4.21,在横格本上反复练习摘要文字。

活动二　账页中阿拉伯数字书写要求

知识锦囊

1. 认识阿拉伯数字

阿拉伯数字是世界通用的数字,由1、2、3、4、5、6、7、8、9、0十个数字组成。

2. 阿拉伯数字规范书写示范(如图4.22所示)

整齐、流畅和匀称,是账簿书写的基本要求。

(1) 规范整齐,大小匀称,笔画流畅,每个数字独立有形,不连笔书写;

(2) 金额数字应贴着底线书写,一般字高占行高的1/2;

摘要书写示范

计提本月固定资产折旧

结转本月完工产品成本

现金解行

分配本月工资费用

将本月收支账户结转"本年利润"

按25%税率计提"所得税费用"

按净利润的10%计提"盈余公积"

向银行提现

计算应收A商品出口退税

发放6月份职工工资

支付广告公司广告费

分配购入材料运杂费

甲材料盘点溢余283公斤,原因待查

收到平安保险公司保险赔款

购入非专利技术一项

分配制造费用

向支行借入两年期贷款,存入银行

报销差旅费,结清暂借款

收到红星厂货款,存入银行

对振大公司股权投资

图 4.21

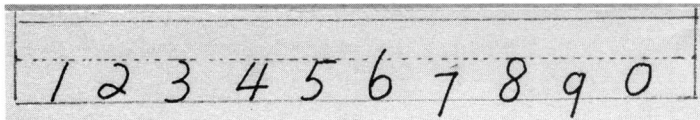

图 4.22

（3）数字书写应自右上方向左下方倾斜地写，倾斜度应保持一致，一般以60度左右为宜；

（4）数字书写时，应从左至右，笔画顺序是自上而下，先左后右；

（5）用蓝（黑）色墨水笔书写。

高手经验

对于易混淆且笔顺相近的数字，在书写时，应尽可能地按标准字体书写，区分笔顺，避免混同，以防涂改。同时为了数字的协调、美观，阿拉伯数字书写时应注意以下要点：

（1）"1"不可写得过短，要保持倾斜度，将格子宽度占满，这样可防止被改写为"4"、"6"、"7"、"9"；

（2）"3"和"8"为上下对称的数字，书写时应上部略小于下部，使数字结构看上去更为稳固；

（3）"6"的起笔上伸至上半格 1/4 处，下圆要明显，以防止被改写为"8"；

（4）"7"和"9"的书写上端略低于其他数字，收笔的笔画要超出底线，保持

你 知 道 吗

阿拉伯数字并不是阿拉伯人发明的，而是古代印度人在漫长的生活实践中创造出来的。后来被阿拉伯人掌握、改进，并传到了西方，西方人便将这些数字称为阿拉伯数字。

1/2行高，整体下沉；

（5）“6”、“8”、“9”、“0”这几个数字有圆圈的部位，必须封口，注意“8”、“9”、“0”的起笔位置，不可过高；

（6）“0”字注意不要写得偏高或偏低，以防被改为“9”或“6”。

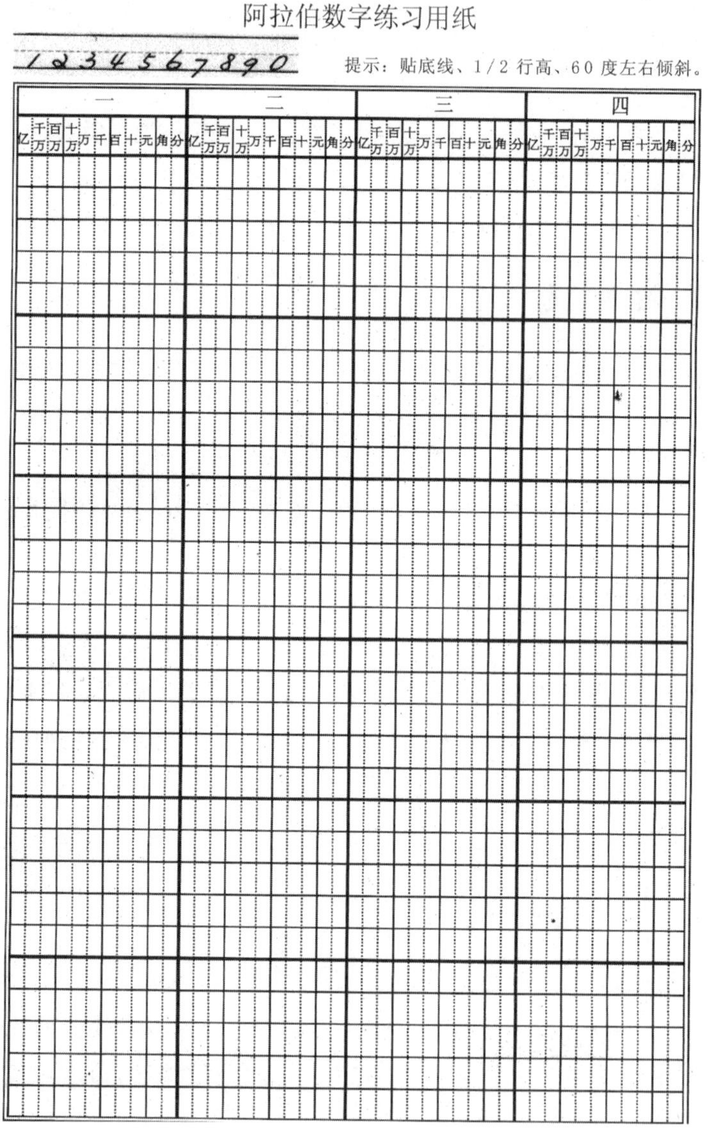
阿拉伯数字练习用纸
1234567890
提示：贴底线、1/2行高、60度左右倾斜。
一
二
三
四
亿 千万 百万 十万 万 千 百 十 元 角 分

图 4.23

小组时间

1. 阿拉伯数字书写有什么基本要求？
2. 仔细研读阿拉伯数字在横格上书写时的位置、大小和倾斜度。
3. 在账簿页面上练习阿拉伯数字书写。

活动三 ┃ 账页中金额小写

知识锦囊

数 字 与 数 位

数位是指一个数中每一个数字所占的位置。书写阿拉伯数字时，每个数字要占据一个位置，而每个位置表示一定的单位，这个数字所在位置表示的单位就称为"数位"。数位是按照个、十、百、千、万、十万、百万、千万、亿……的顺序，由小到大、从右向左排列的，但写数和读数的习惯顺序则应该是由大到小、从左到右。数位的排列如下：

数位	万万万位	千万万位	百万万位	十万万位	万万位	千万位	百万位	十万位	万位	千位	百位	十位	个位	十分位	百分位	千分位	万分位	十万分位	百万分位
读法	兆	知亿	百亿	十亿	亿	千万	百万	十万	万	千	百	十	个	分	厘	毫	丝	忽	微

书写阿拉伯数字时，应将数字和数位结合在一起，由高数位到低数位、从左到右依次书写。

【例】

陆仟玖佰贰拾壹，应写为 6,921

高手经验

1. 三位分节制

书写阿拉伯数字时可以采用三位分节制。三位分节制是指从个位数起,向左每三位数字作为一节,节与节之间用分节号","分开,也可用空格分开。

【例】

34505234 应写为 34,505,234 或 34 505 234

100567100.32 应写为 100,567,100.32 或 100 567 100.32

人民币符号

¥是人民币基本单位"元"的符号,它既代表人民币币制,又表示"元"的单位。会计凭证合计的大、小金额前应加币值符号,且币值单位与金额数字之间,以及各数字之间不得留有空隙。凡数字前加"¥"的,数字后面不再写"元"字,而是一律写到角、分。无角、分的就写"00"或以"/"表示;有角无分的,分位应写成"0"。

【例】

人民币伍仟玖佰壹拾贰元叁角肆分,应写成¥5,912,34

人民币陆仟伍佰肆拾叁元整,应写为¥6,543,00 或 6,543./

2. 更正书写错误

数字书写发生差错,应按规定要用画线更正法更正。正确的更正方法是先将错误的数字全部用单红线画去,再在其上方写上正确的数字,然后加盖更正者名章,以示负责。

【例】

6,018.53 误写为 6,108.53 时的更正为

正确的更正方法	错误的更正方法	
6,018.53 ~~6,108.53~~ 张力群	01 ~~6,108.53~~ 张力群	6,018.53 ~~6,10~~ 张力群

小组时间

1. 练习写数

要求：使用分节号，小写金额用￥符号

序号	人民币大写金额	人民币小写金额
1	伍拾陆万叁仟柒佰零壹元贰角壹分	
2	玖佰万零肆佰叁拾捌元整	
3	肆元肆角伍分	
4	壹万捌仟柒佰贰拾贰元零叁分	
5	贰仟贰佰壹拾陆万零伍佰元零伍分	
6	叁佰贰拾伍万柒仟玖佰零柒元陆角整	
7	捌仟万零叁佰贰拾元玖角整	
8	伍拾玖元玖角壹分	
9	肆万陆仟伍佰零贰元有整	
10	柒拾陆万伍仟零陆拾肆元整	

2. 根据下列大写金额规范地写出小写金额

序号	人民币大写金额	人民币小写金额											
		十亿	亿	千万	百万	十万	万	千	百	十	元	角	分
1	伍拾陆万叁仟柒佰零壹元贰角壹分												
2	玖佰万零肆佰叁拾捌元整												
3	肆元肆角伍分												
4	壹万捌仟柒佰贰拾贰元零叁分												
5	贰仟贰佰壹拾陆万零伍佰元零伍分												
6	叁佰贰拾伍万柒仟玖佰零柒元陆角整												
7	捌仟万零叁佰贰拾元玖角整												
8	伍拾玖元玖角壹分												
9	肆万陆仟伍佰零贰元有整												
10	柒拾陆万伍仟零陆拾肆元整												

3. 练习错误数字的画线更正

序号	正确数据	错误数字（请更正）	序号	正确数据	错误数字（请更正）
1	1,009.09	1,009.90	6	45,544	45,445
2	38,980	38,890	7	1,798,798	1,978,978
3	120,000	12,000	8	20.87	20.78
4	548,788	458,778	9	365.44	356.44
5	902,209	9,002,209	10	285,334.75	25,343.57

活动四 ▌ 账页中金额大写和票据日期

知识锦囊

汉字大写金额，主要用于发票、银行结算凭证和报销单据的填写，书写时一般用行楷，其正确的写法是：零、壹、贰、叁、肆、伍、陆、柒、捌、玖、拾、佰、仟、万、亿、元、角、分、整，不得写成：一、二（两）、三、四、五、六、七、八、九、十、毛、0

（或另）。

金额大写书写示范（图4.24）

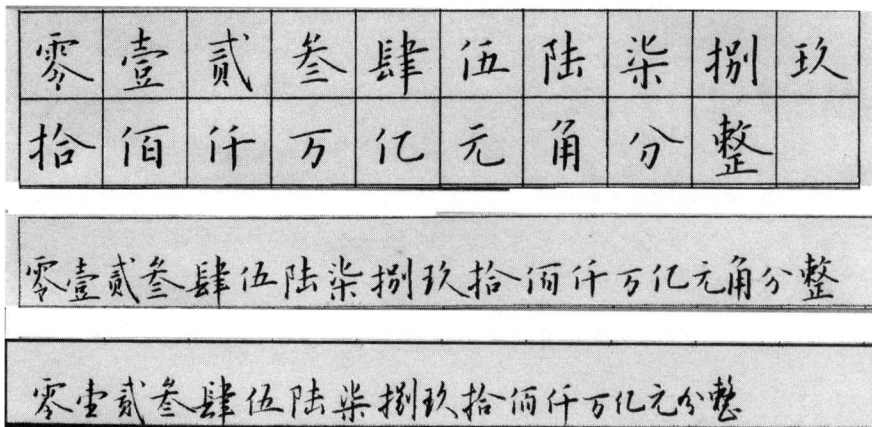

图　4.24

高手经验

1. 大写金额数字到"元"为止的，在"元"字之后须写"整"字；大写金额数字到"角"为止的，在"角"字之后，可写"整"字，也可不写；大写金额数字到"分"为止的，"分"字后面不写"整"字。

2. 大写金额数字前未印有货币名称的，应当加填货币名称（如在前面加上"人民币"字样），货币名称与金额数字之间不得留有空白。

【例1】

人民币壹万贰仟叁佰元整

不得写成：人民币　壹万贰仟叁佰元整

3. 金额数字中"0"的写法：

（1）阿拉伯金额数字中间有"0"时，大写金额要写"零"字。

【例2】

￥101.70 应写成：人民币壹佰零壹元柒角整

（2）阿拉伯金额数字中间连续有几个"0"时，汉字大写金额中只写一个"零"字。

【例3】

¥1,004.56 应写成:人民币壹仟零肆元伍角陆分

(3) 阿拉伯金额数字分位为"0"或数字中间连续有几个"0",但角位不是"0"时,汉字大写金额可只写一个"零"字,也可不写"零"字。

【例4】

¥1,200.56 应写成:人民币壹仟贰佰元零伍角陆分

或写成:人民币壹仟贰佰元伍角陆分

4. 大写金额满拾元而不足贰拾元的,则应在"拾"字前面写一个"壹"字。

【例5】

¥1,212 应写成:人民币壹仟贰佰壹拾贰元整

票据日期必须使用中文大写

中国人民银行颁布的《支付结算办法》规定:为防止变造票据的出票日期,在填写月、日时,月为壹、贰和壹拾的;日为壹至玖及壹拾、贰拾和叁拾的,应在其前面加"零"。日为拾壹至拾玖的应在其前面加"壹"。

【例6】

2011.1.1 应写成:贰零壹壹年零壹月零壹日

2010.10.20 应写成:贰零壹零年零壹拾月零贰拾日

2009.2.18 应写成:贰零零玖年零贰月壹拾捌日

需注意的是凭证、票据上的大写金额、大写日期和支票用途等不得更正,一旦书写错误只能重写一张,写错的凭证应注销作废,但不能随意丢弃,应妥善保管。

小组时间

1. 练习大写金额的相关汉字(图4.25,4.26)

零壹贰叁肆伍陆柒捌玖拾佰仟万亿元角分

图 4.25

217

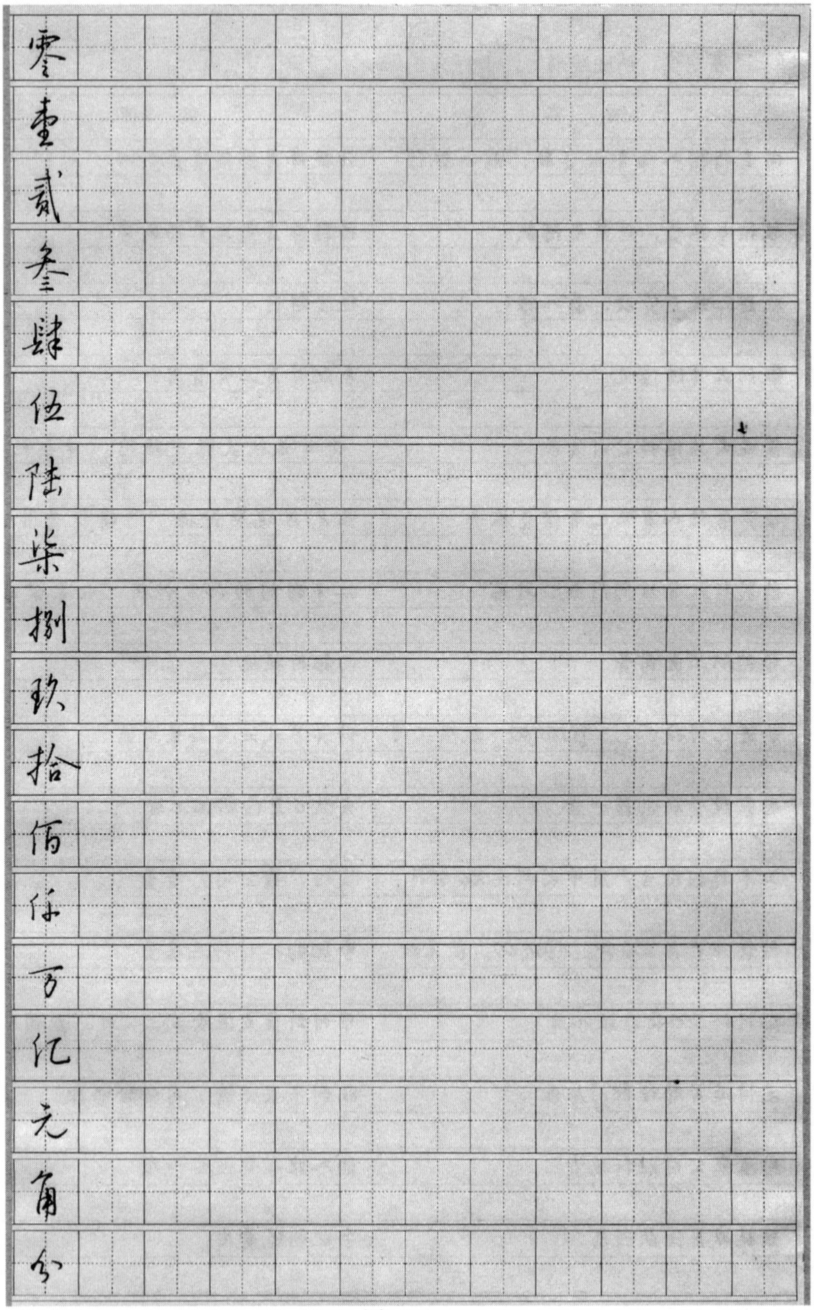

零
壹
贰
叁
肆
伍
陆
柒
捌
玖
拾
佰
仟
万
亿
元
角
分

图 4.26

2. 根据小写金额写出对应的大写金额

序号	小 写 金 额	大 写 金 额
1	￥1,900,251.00	
2	￥39,700.08	
3	￥10,100.00	
4	￥376,377.00	
5	￥33,278,960.10	
6	￥666,585,390.49	
7	￥25,750,008.00	
8	￥778,413.29	
9	￥2,411,010.00	
10	￥66,209.00	

3. 练习票据上日期的书写

序号	小写日期	大 写 日 期
1	2011.7.30	
2	2010.8.28	
3	2009.1.1	
4	2000.2.18	
5	2004.3.9	
6	2002.10.10	
7	2005.5.20	
8	2006.11.12	
9	2004.8.23	
10	2008.12.31	

活动五　账簿书写综合练习

账簿书写是一项技术性很强的专业技能,通过一定时间的规范练习,达到准确、熟练、美观的账簿书写效果,逐渐胜任会计或相关岗位的工作。

1. 按样张规范填写财会凭证(3种)

收 款 凭 证

总号	56
分号	现收字7号

借方科目 库存现金　　2011 年 4 月 7 日

摘　　要	应 贷 科 目		✓	金　额
	一级科目	二级和明细科目		亿 千 百 十 万 千 百 十 元 角 分
收回采保暂借款	其他应收款	采购员		2200
		合　计		￥2200

附件　张

财会主管　　　记账　　　　　出纳　　　复核　　　　制单

收 款 凭 证

总号	
分号	

借方科目　　　　　年　月　日

摘　　要	应 贷 科 目		✓	金　额
	一级科目	二级和明细科目		亿 千 百 十 万 千 百 十 元 角 分
		合　计		

附件　张

财会主管　　　记账　　　　　出纳　　　复核　　　　制单

转 账 凭 证

总号	62
分号	转字21

2009 年 3 月 4 日

摘要　厂部采购员报销旅差费

借 方 科 目		✓	贷 方 科 目		✓	金　额
一级科目	二级或明细科目		一级科目	二级或明细科目		千 百 十 万 千 百 十 元 角 分
管理费用			其他应收款	采购员		67800
				合　计		￥67800

附件　张

财会主管　　　记账　　　　　复核　　　制单

221

转 账 凭 证

总 号	
分 号	

年 月 日

上海立信会计票册纸品公司出品 编号138—48

摘 要															
借 方 科 目			贷 方 科 目			金 额									
一 级 科 目	二级或明细科目	✓	一 级 科 目	二级或明细科目	✓	千	百	十	万	千	百	十	元	角	分
合 计															

附件 张

财会主管	记账	复核	制单

2. 按下列样张填写账页

样张 1

20 年		凭证		摘要	金额									
月	日	字	号		千	百	十	万	千	百	十	元	角	分
				壹万贰仟元零叁分				1	2	0	0	0	0	3
				玖仟零壹拾贰元整					9	0	1	2	0	0
				捌佰万元整		8	0	0	0	0	0	0	0	0
				肆佰零伍元整						4	0	5	0	0
				陆万伍仟元零陆角玖分				6	5	0	0	0	6	9
				壹万零伍佰肆拾叁元贰角壹分				1	0	5	4	3	2	1
				柒佰捌拾陆元伍角肆分						7	8	6	5	4
				叁拾肆万零伍佰陆拾柒元整			3	4	0	5	6	7	0	0
				叁佰贰拾壹元玖角整						3	2	1	9	0
				玖拾捌万零伍元整			9	8	0	0	0	5	0	0
				叁仟陆佰肆拾贰元整					3	6	4	2	0	0
				壹拾贰万零伍拾零叁分			1	2	0	0	5	0	0	3
				柒仟玖佰陆拾捌元叁角叁分					7	9	6	8	3	3
				壹佰零壹元零壹分						1	0	0	1	0	1
				肆佰伍拾陆元柒角玖分						4	5	6	7	9
				伍万伍仟伍佰伍拾伍元整				5	5	5	5	5	0	0
				玖佰陆拾肆元柒角整						9	6	4	7	0
				捌仟玖佰玖拾柒元陆角整					8	9	9	7	6	0
				壹万伍仟零壹元整				1	5	0	0	1	0	0
				捌仟柒佰陆拾陆万柒仟元整	8	7	6	6	7	0	0	0	0	0
				肆拾万零柒元陆角肆分			4	0	0	0	0	7	6	4
				叁佰万零贰拾伍元整		3	0	0	0	0	2	5	0	0
				壹拾玖元捌角整							1	9	8	0
				肆万零叁佰零壹元整				4	0	3	0	1	0	0
				柒拾壹万贰仟零伍拾元伍角整			7	1	2	0	5	0	5	0

样张 2

年		凭证		摘要	对方科目	借方金额	借或贷	贷方金额	借或贷	余额
月	日	种类	号数			十亿千百十万千百十元角分		十亿千百十万千百十元角分		十亿千百十万千百十元角分

总第_____页 分第_____页

缴科目编号及名称 _____

缴科目编号及名称 _____

财会主管　　　复核　　　记账

年		凭证		摘要	对方科目	借方金额		贷方金额		借或贷	余额	
月	日	种类	号数		日 页	十亿千百十万千百十元角分		十亿千百十万千百十元角分			十亿千百十万千百十元角分	

财会主管　　　复核　　　记账

图书在版编目(CIP)数据

银行柜面操作技能 / 贺瑛,李文亮主编. —上海：
上海教育出版社,2013.5
ISBN 978-7-5444-4421-7

Ⅰ.①银... Ⅱ.①贺...②李... Ⅲ.①银行业务—中等专业学校—
教材 Ⅳ.①F830.4

中国版本图书馆CIP数据核字(2013)第079769号

银行柜面操作技能

贺 瑛 李文亮 主编

出版发行	上海世纪出版股份有限公司	
	上 海 教 育 出 版 社	
	易文网 www.ewen.cc	
地 址	上海永福路 123 号	
邮 编	200031	
经 销	各地新华书店	
印 刷	苏州望电印刷有限公司	
开 本	700×1000 1/16 印张 14.5 插页 2	
版 次	2013 年 5 月第 1 版	
印 次	2013 年 5 月第 1 次印刷	
书 号	ISBN 978-7-5444-4421-7/G·3476	
定 价	40.00 元	

(如发现质量问题,读者可向工厂调换)